Kohlhammer

Fallbuch Pädagogik

Herausgegeben von Armin Castello

Eine Übersicht aller lieferbaren und im Buchhandel angekündigten Bände der Reihe finden Sie unter:

 https://shop.kohlhammer.de/fallbuch-paedagogik

Der Autor

 Prof. Dr. Heinrich Ricking forscht und lehrt an der Universität Leipzig.

Heinrich Ricking

Schulabsentismus pädagogisch verstehen

Verlag W. Kohlhammer

Dieses Werk einschließlich aller seiner Teile ist urheberrechtlich geschützt. Jede Verwendung außerhalb der engen Grenzen des Urheberrechts ist ohne Zustimmung des Verlags unzulässig und strafbar. Das gilt insbesondere für Vervielfältigungen, Übersetzungen, Mikroverfilmungen und für die Einspeicherung und Verarbeitung in elektronischen Systemen.

Die Wiedergabe von Warenbezeichnungen, Handelsnamen und sonstigen Kennzeichen in diesem Buch berechtigt nicht zu der Annahme, dass diese von jedermann frei benutzt werden dürfen. Vielmehr kann es sich auch dann um eingetragene Warenzeichen oder sonstige geschützte Kennzeichen handeln, wenn sie nicht eigens als solche gekennzeichnet sind.

Es konnten nicht alle Rechtsinhaber von Abbildungen ermittelt werden. Sollte dem Verlag gegenüber der Nachweis der Rechtsinhaberschaft geführt werden, wird das branchenübliche Honorar nachträglich gezahlt.

Dieses Werk enthält Hinweise/Links zu externen Websites Dritter, auf deren Inhalt der Verlag keinen Einfluss hat und die der Haftung der jeweiligen Seitenanbieter oder -betreiber unterliegen. Zum Zeitpunkt der Verlinkung wurden die externen Websites auf mögliche Rechtsverstöße überprüft und dabei keine Rechtsverletzung festgestellt. Ohne konkrete Hinweise auf eine solche Rechtsverletzung ist eine permanente inhaltliche Kontrolle der verlinkten Seiten nicht zumutbar. Sollten jedoch Rechtsverletzungen bekannt werden, werden die betroffenen externen Links soweit möglich unverzüglich entfernt.

Für die Unterstützung bei der Fertigstellung dieses Buches gebührt Annica Glenzer und Ann-Christin Fischer ein besonderer Dank.

1. Auflage 2023

Alle Rechte vorbehalten
© W. Kohlhammer GmbH, Stuttgart
Gesamtherstellung: W. Kohlhammer GmbH, Heßbrühlstr. 69, 70565 Stuttgart
produktsicherheit@kohlhammer.de

Print:
ISBN 978-3-17-038476-7

E-Book-Formate:
pdf: ISBN 978-3-17-038477-4
epub: ISBN 978-3-17-038478-1

Inhalt

1	Einleitung	9
2	Charakteristika des Schulabsentismus	15
2.1	Formgruppen	15
2.2	Risiken und Bedingungsfaktoren	17
2.3	Prävalenz	24
3	Schulversäumnissen zugrundeliegende Beeinträchtigungen	26
3.1	Dysfunktionale Emotionsregulation	27
3.2	Angst und Angststörungen	30
3.3	Leistungsprobleme und Schulversagen	37
4	Feldtheoretische Rahmung	44
5	Schulische Prävention von Schulabsentismus	48
5.1	Grundlegende Aspekte	48
5.2	Gestaltung der schulischen Umwelt	50
5.3	Pädagogisches Verstehen im Kontext abweichenden Verhaltens	53
6	Intervention bei Schulabsentismus	57
6.1	Bestrafung von Schulversäumnissen?	58
6.2	Handlungsketten der Intervention	60
6.3	Beratung	67
6.4	Elternkooperation	71

6.5	Intervention bei Schulangst	75
7	**Falldarstellungen**	**79**
8	**Fall 1: Mara**	**81**
8.1	Ausgangslage	81
8.2	Problemstellung und methodisches Vorgehen	81
8.3	Pädagogische Falleinschätzung	86
8.4	Ziele, Kräfte und Barrieren im aktuellen Lebensraum	92
8.5	Ableitung von Interventionen	95
8.6	Evaluation und Ausblick	100
9	**Fall 2: Ruben**	**102**
9.1	Ausgangslage	102
9.2	Frage-/Problemstellung und methodisches Vorgehen	103
9.3	Biographische Informationen zur Person	103
9.4	Pädagogische Falleinschätzung	112
9.5	Ableitung und Umsetzung pädagogischer Interventionen	113
9.6	Evaluation und Ausblick	118
10	**Fall 3: Stefan**	**120**
10.1	Ausgangslage	120
10.2	Feldtheoretische Interpretation	124
10.3	Falleinschätzung und Interventionsplanung	127
10.4	Interventionen	130
10.5	Evaluation und Ausblick	132
11	**Fazit**	**135**

Inhalt

Serviceteil: Ressourcen 137

Quellenverzeichnis 151

1 Einleitung

Der Fall Lara

Lara ist 13 Jahre alt und besucht die 7. Klasse einer Oberschule. Sie lebt mit ihrer alleinerziehenden Mutter in ländlicher Gegend unweit der Kreisstadt. Zum Vater hat sie sporadisch Kontakt. Mehrfach kam bereits die Frage auf, ob nicht eine Beschulung am Gymnasium für sie möglich und angemessen sei. Denn sie verfügt über eine mindestens durchschnittliche Intelligenz und kann in den sprachlichen Fächern gute bis sehr gute Leistungen erzielen, ohne sich besonders anstrengen zu müssen. Diese Potenziale bilden sich in den Noten auf dem Zeugnis jedoch nur eingeschränkt ab, denn dort ist auch zu lesen, dass sie im letzten Halbjahr 31 Tage gefehlt hat (da dieses Schulhalbjahr 100 Schultage umfasst, ist 31 auch ihre prozentuale Fehlquote). Ihre beträchtlichen Versäumnisse hinterlassen tiefe Spuren in ihrem Leistungsprofil und sorgen dafür, dass sie immer wieder Schwierigkeiten hat, in der Klasse sozial Anschluss zu finden. Die Versäumnisse umfassen (häufig entsprechend ihrer Stimmungslage) Blöcke von ein bis zwei Wochen, teilweise entschuldigt, teilweise nicht entschuldigt. Zwischenzeitlich gelang es Lara, sich vormittags in ihrem Zimmer zu verstecken, da die Mutter im Schichtdienst arbeitete. Mittlerweile wurde eine Attestpflicht durch die Schulleitung erlassen. Die Klassenlehrerin Frau Sonthofer kennt Lara nun schon zwei Jahre lang und verfügt über weitreichende Kenntnisse in Bezug auf die Hintergründe, die immer wieder ihre einschneidenden Fehlzeiten bedingen. Sie hat den Eindruck, es gibt wiederkehrende Phasen in Laras Leben, in denen ihr alles zu viel ist. Schon das morgendliche Aufstehen stellt eine Herausforderung dar, dann das Ankleiden, das Entscheidungen fordert, der Weg zur Schule scheint unendlich und schließlich ist die Zeit in der Schule, in der Klasse mit all den anderen Kindern für sie kaum zu ertragen. Die

1 Einleitung

Pausen verbrachte sie bis vor kurzem allein an die Wand der Pausenhalle gelehnt oder auf der Toilette. In letzter Zeit öffnet sie sich leicht und spricht mit Kindern, die sie aus der Tagesgruppe kennt. Im Unterricht verhält sie sich in der Regel teilnahmslos, zeigt Meidungsverhalten, wenn sie exponiert wird und vor den anderen sprechen soll. Ein Toilettengang während des Unterrichts dauert oft mehr als 15 Minuten. Schriftliche Aufgaben in Einzelarbeit erledigt sie allerdings problemlos. Um diese beunruhigenden Vorgänge abzuklären, wurde sie vor einem Jahr in der ambulanten Diagnostik einer Klinik für Kinder- und Jugendpsychiatrie vorstellig. Der Befund lautete: Kombinierte Angststörung und Depression. Nun gab es eine Erklärung für die antriebslosen Zeiten, ihr Verhalten und die Versäumnisse in der Schule. Laras Mutter eröffnete in einem Gespräch mit der Klassenlehrerin, dass sie an einer ähnlichen Symptomatik leide und die Probleme des Kindes gut nachvollziehen könne. Frau Sonthofer erreichte in der Folge eine Intensivierung der Beziehung zur Mutter und zu Lara. Um dem Meidungsverhalten entgegenzuwirken, konfrontiert sie die Schülerin in regelmäßigen Abständen und in moderater Form mit den Reizen, die üblicherweise gemieden werden, z. B. sich im Unterricht zu melden und etwas zu sagen oder ein kurzes, zweiminütiges Referat zu halten. Probleme bespricht sie mit Lara in Ruhe nach dem Unterricht. Der Aufbau einer tragfähigen Beziehung zur Mutter und das Treffen von Vereinbarungen haben erheblich dazu beigetragen, die Fehlzeiten zu senken.

Das Beispiel Lara zeigt, dass eine spezifische Problematik zu häufigen Schulversäumnissen führen kann. Dabei ist sie nur eines von vielen Kindern und Jugendlichen, deren Schulbesuch nur unregelmäßig stattfindet. Jedes von ihnen lebt und handelt – wie Lara – in einem spezifischen Gefüge von Bedingungen und Rahmungen, die einmalig und individuell sind. Sehr unterschiedliche Lern- und Lebensbedingungen können zu problematischen Fehlzeiten in der Schule führen. Dieser Fall macht sowohl die Notwendigkeit deutlich, aus pädagogischer Perspektive genau hinzusehen, als auch die Bedeutung einer professionellen Haltung, der Klärung des Falles und des Einsatzes hilfreicher Maßnahmen offenkundig. So besteht der

1 Einleitung

Gegenstand des vorliegenden Werkes in der pädagogischen Auseinandersetzung mit Schülerinnen und Schülern wie Lara, die deutliche Schwierigkeiten mit einem regelmäßigen Schulbesuch aufweisen. Der Fachbegriff Schulabsentismus kennzeichnet dabei Verhaltensmuster nicht autorisierter Fehlzeiten unabhängig vom Umfang und dem Grund der Versäumnisse. Dieses Thema stellt ein bedeutendes Themenfeld im Bildungsalltag dar, das eine erhebliche Gefährdung für den noch jungen Menschen in sich trägt und auch eine erstrangige schulische wie auch bildungspolitische Herausforderung verkörpert. Unerlaubte Fehlzeiten implizieren nicht nur einen Verstoß gegen die in allen Bundesländern geltende Schulpflicht, sondern zeichnen für die Betroffenen auch einen Weg in die Zukunft vor, der mit vielen Belastungen gepflastert ist. Versäumen Schülerinnen und Schüler in gewohnheitsmäßiger oder chronischer Form Unterricht oder verlassen ein für alle Mal die Schule vorzeitig, besteht eine beträchtliche Gefahr für soziale Devianz, schwere persönliche Probleme und Armut (Beekhoven & Dekkers, 2005; Epstein et al., 2020).

Dauerhaftes Fernbleiben von der Schule ist eine komplexe Angelegenheit und entsteht erst durch vielschichtige Wechselwirkungen zwischen den Verhaltensdispositionen eines Schülers oder einer Schülerin und dessen bzw. deren Umweltbedingungen (Ricking & Hagen, 2016). Es kann somit als multikausal bedingtes Verhalten eingeordnet werden, auf das v.a. familiale, schulische und individuelle Risiken Einfluss nehmen. Insbesondere die dadurch entstehende Komplexität der Risikogefüge, wie auch die hoch variablen Ausdrucksformen im Alltag, bereiten den schulischen Akteuren erhebliche Probleme und bilden oft schwierige pädagogische Aufgaben. Das erweist sich auch in Bezug auf die Häufigkeit als richtig. Melfsen, Beyer und Walitza (2015, 357) differenzieren zwischen »Gelegentlich«: Stunden oder einzelne Tage werden vermieden; »Mittlere Häufigkeit«: Die Schule wird regelmäßig wiederkehrend vermieden; »Massiv«: Die Schule wird sehr häufig oder gewohnheitsmäßig vermieden.

Im Feld des fachlichen Umgangs mit illegitimen Schulversäumnissen sind hilfreiche Aktivitäten zunächst einem präventiven Ansatz zuzuordnen (Kearney, 2016; Ricking & Albers, 2019). Schulen sollten demgemäß ihre Energie darauf verwenden, Bedingungen zu schaffen, die die Wahrscheinlichkeit erhöhen und dafür sorgen, dass sich Kinder und Jugendliche in der Schule sicher und wohl fühlen, zufrieden und erfolgreich lernen können und in der Konsequenz zumeist gerne zur Schule gehen (Alexander, Entwisle & Kabbani, 2001). Erziehungsberechtigte haben in diesem Kontext die Aufgabe, ein angemessenes Umfeld zu schaffen, in dem die unterrichtlichen Lernprozesse unterstützt und eine zielführende Kooperation mit der Schule umgesetzt werden. Wirksame Prävention senkt das Absentismusaufkommen in einer Schule (Sälzer, 2010; Ricking & Hagen, 2016). Doch es ist nicht unwahrscheinlich, dass es auch unter wirksamen präventiven Vorzeichen in der Praxis zu nicht autorisierten Fehlzeiten kommt. Auf diese Problemlagen müssen die professionellen Akteure einer Schule und das erweiterte Umfeld angemessene Antworten finden. Da die Motive und Problemlagen, die zum Schulabsentismus führen, nicht zu vereinheitlichen sind, ist eine gründliche Fallklärung vor der Intervention angezeigt – die Einzelfallperspektive rückt dabei in den Mittelpunkt. Fehlzeiten, die schulischen Frustrationen in Verbindung mit aversiver Meidung zuzurechnen sind, erfordern andere Zugänge und Maßnahmen als Problematiken, in denen Angst oder Depression im Kontext einer emotionalen Störung eine große Rolle spielen. Insofern ist der Spezifik des Einzelfalls Rechnung zu tragen und eine subjektorientierte Blickrichtung einzunehmen.

In der schulischen Gesamtbetrachtung des Umgangs mit der Problematik Schulabsentismus sind prioritär vorbeugende Bedingungen und Vorkehrungen ins Auge zu fassen, darauf aufbauend ein Konzept für pädagogisches Handeln, wenn Fehlzeiten aufgetreten sind. Dabei spielen auch Ansätze eine Rolle, die »distanzierte« Schülerinnen und Schüler wieder an die Schule heranführen. Bleiben schulische Maßnahmen ohne ausreichenden Erfolg, sind unterstützende Dienste (z. B. Hilfen zur Erziehung, Psychotherapie) kooperativ einzubeziehen. Im Prozess können rechtliche Sanktionen dahingehend geprüft werden, ob sie Sinn ergeben, geeignet und zielführend sind.

1 Einleitung

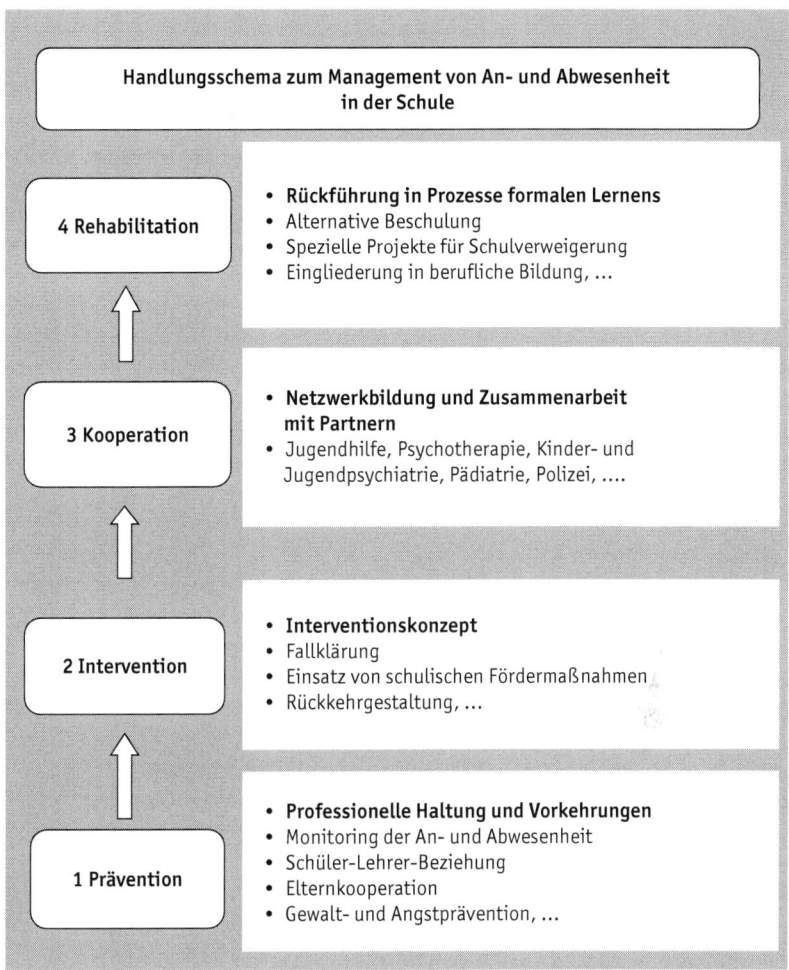

Abb. 1: Handlungsschema

Schließlich verfolgt ein rehabilitativer Prozess die schulische Reintegration von entkoppelten Jugendlichen, die oft monatelang oder mehr als ein Jahr nicht mehr in der Schule waren. So ergibt sich ein abgestuftes System von Handlungsoptionen, die durch Schulbehörden und Schulen konzeptionell verankert das Management von Schulabsentismus leiten sollten (▶ Abb. 1).

Planvolles und theoriegeleitetes Handeln im Rahmen wirksamer Intervention basiert auf Analysen, in denen es darum geht, das Kind bzw. die Jugendliche/den Jugendlichen im eigenen Umfeld zu betrachten und dabei die Zusammenhänge und Wechselwirkungen zwischen Einflussfaktoren und dem schulmeidenden Verhalten besonders zu fokussieren. So soll der subjektorientierte Blick auf die Problematik in diesem Werk besondere Aufmerksamkeit erfahren. Im zweiten Teil dieses Buches werden Einzelfälle ausführlich vorgestellt, die die Möglichkeit bieten, die theoretischen Ausführungen zu illustrieren und die Problematik in konkreter Form zu erarbeiten. Der Leser bzw. die Leserin kann dadurch einerseits die alltägliche Lebenswelt des Kindes nachvollziehen, Verhaltensmotive und Interaktionsmuster erfahren und andererseits Muster der Meidung erkennen, die von weitreichender Relevanz sind (Oehme, 2007).

2 Charakteristika des Schulabsentismus

Schulabsentismus ist ein komplexes Phänomen, das durch eine Vielzahl unterschiedlicher Bedingungsfaktoren beim Individuum, in der Familie, in der Schule und/oder in Bezug auf die Peers hervorgerufen und aufrechterhalten wird. Es lässt sich folgendermaßen definieren:

> »Schulabsentismus umfasst diverse Verhaltensmuster illegitimer Schulversäumnisse multikausaler und langfristiger Genese mit Einflussfaktoren in der Familie, der Schule, der Peers, des Milieus und des Individuums, die einher gehen mit weiteren emotionalen und sozialen Entwicklungsrisiken, geringer Bildungspartizipation sowie einer erschwerten beruflichen und gesellschaftlichen Integration und die einer interdisziplinären Prävention und Intervention bedürfen« (Ricking & Hagen, 2016, 18).

2.1 Formgruppen

Schulabsentismus lässt sich grundlegend in drei Erscheinungsformen kategorisieren: (1) Aversives Schulschwänzen, (2) Angstbedingte Schulmeidung, (3) Elternbedingte Schulversäumnisse/Zurückhalten, bei dem die Fehlzeiten von Eltern herbeigeführt oder toleriert werden (Ricking, Schulze & Wittrock, 2009; Lenzen et al., 2013; Thambirajah, Grandison & De-Hayes, 2013).

Die Formgruppe des Schulschwänzens basiert auf schulaversiven Gefühlen und Befindlichkeiten, bei der die Schule als Ganzes, Unterricht oder Lehrerinnen und Lehrer dauerhaft und nicht selten nachdrücklich abgelehnt werden und dies auf der Verhaltensebene durch Fernbleiben vom Unterricht, Zuspätkommen, geringe Intensität der Mitarbeit zum Ausdruck gebracht wird (Henry, 2007). Hiermit werden Schulversäumnisse gekennzeichnet, die auf Betreiben des Schülers oder der Schülerin zurückgehen, von denen die Erziehungsberechtigten mitunter keine Kenntnis haben und bei denen die Schülerinnen und Schüler während des Vormittags einer attraktiveren Beschäftigung nachgehen. Für manche dieser Schülerinnen und Schüler sind die Online-Spiele am Computer, das eigene Bett oder die belebten Plätze der Stadt attraktive Alternativen zur negativ erlebten Unterrichts- und Schulsituation. Diesen motivationalen Aspekt unterstreicht schon Nissen (1972, 187), als er Schulschwänzen als »Vermeiden der unlustgetönten schulischen Leistungssituation und Überwechseln in lustbetonte Verhaltensweisen« definierte.

Die zweite Formgruppe bildet die Schulverweigerung, bei der Furcht und Angst von wesentlicher Relevanz sind, die sich in Merkmalen wie depressiver Verstimmung, Traurigkeit, Rückzug aus sozialen Bezügen und auch extremen emotionalen Ausbrüchen vor Schulbeginn niederschlagen können. Hinzu kommen regelmäßig Klagen des Kindes über körperliche Beschwerden, die während der Ferien oder am Wochenende verschwinden. Schulverweigerer aus Angstgründen suchen keine außerschulischen Aktivitäten höherer Attraktivität, sondern bleiben bei ihren Eltern, die häufig beträchtliche Probleme damit haben, den Schulbesuch durchzusetzen (Kearney, 2016). Die Angstquellen können sowohl in der Schule liegen (z. B. Schulangst) als auch in der Familie (z. B. Trennungsangst) (Reissner & Knollmann, 2020).

Geht die Initiative für die Schulversäumnisse von den Erwachsenen aus oder wird durch ein diskretes Übereinkommen zwischen Eltern(-teil) und Schülerin oder Schüler bedingt, ist das Zurückhalten angesprochen. Als kausale Einflussgrößen werden verschiedene Problemstellungen in der Literatur benannt, die dazu führen, dass eine regelmäßige Beschulung des Kindes nicht realisierbar wird (Albers & Ricking, 2018). In einem Fall beeinträchtigt eine körperliche oder psychische Erkrankung eines bzw. einer Erziehungsberechtigten einen regelmäßigen Schulbesuch (Lenz & Kuhn, 2011; Kaiser, Schulze & Leu, 2018). In einem anderen ist das Zurückhalten dadurch zu erklären, dass das eigene Kind als zu verletzlich, z.B. wegen frühkindlicher gesundheitlicher Problematiken, angesehen und daher der schulischen Situation nicht ausgesetzt wird. Daneben werden wiederholt kulturell oder religiös bedingte Zurückweisungen der Schulpflicht verzeichnet, sodass die Erziehungsberechtigten die curriculare Ausgestaltung des Schulalltags als unvereinbar mit eigenen Grundsätzen betrachten (Achilles, 2007). Es wird deutlich, dass das Verhalten der Erziehungsberechtigten eine aktiv-zurückhaltende, eine reaktiv-billigende oder eine eher passive Tendenz aufweisen kann. Sie überlassen so die Entscheidung, ob die Schule besucht wird, den Kindern, tolerieren stillschweigend die Unwilligkeit des Kindes zum Schulbesuch (eher passiv), animieren das Kind zum Versäumnis oder halten es zurück, obwohl es zur Schule gehen möchte (eher aktiv) (Albers & Ricking, 2018).

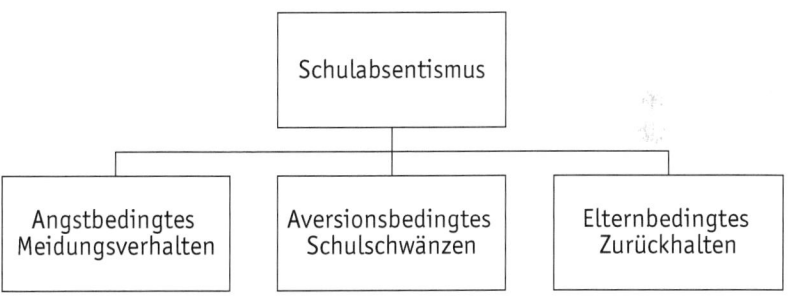

Abb. 2: Drei Wege zum Schulabsentismus

2.2 Risiken und Bedingungsfaktoren

Vorliegende Forschungsergebnisse weisen eindeutig darauf hin, dass Schulabsentismus nicht als monokausales Phänomen verstanden werden kann, sondern diverse Einflüsse in unterschiedlichen Settings Wirkungen auf den Schulbesuch freisetzen (Gubbels, van der Put & Assink, 2019; Corville-Smith et al. 1998). Es wird somit deutlich, dass die Entstehung und Ausformung als sehr komplexer Prozess verstanden werden kann, der von vielen inneren wie äußeren Faktoren abhängig ist, die sich in folgenden Bereichen manifestieren (Hillenbrand & Ricking, 2011; Hammond, Linton, Smink & Drew, 2007):

- psychosoziale Dispositionen der Schülerin bzw. des Schülers (Rothman, 2001),
- familiale Interaktions- und Lebensbedingungen (Dunkake, 2010),
- schulische Rahmenbedingungen und Beziehungen (Sälzer, 2010),
- die Gleichaltrigen(gruppe) (Samjeske, 2007) sowie
- der Bereich der Freizeit und Medien (Rehbein, Kleimann & Mößle, 2009).

Insofern ist auf multikausal bedingte Beeinträchtigungen Bezug zu nehmen, bei denen Wirkungen aus unterschiedlichen Lebensräumen in fließendem Interaktionszusammenhang stehen. Im Rahmen multipler Risikobelastungen bei Kindern und Jugendlichen führt die Anhäufung von individuellen und umfeldbezogenen Risikofaktoren zumeist zu einer Verstärkung der pädagogisch ungünstigen Wirkungen, die die Wahrscheinlichkeit von Lern- und Verhaltensstörungen in der Entwicklungskonsequenz steigen lässt (Beelmann, 2006; Ihle & Esser, 2008). Ob und wie Lebens- und Lernbelastungen verarbeitet werden können, ist auch stark abhängig von den zeitlichen Ausmaßen, in denen die Heranwachsenden ihnen ausgesetzt sind, wie auch von ihrer eigenen Vulnerabilität. Häufig wiederkehrende und langandauernde Negativeinflüsse (persistente im Gegensatz zu situativen Risikofaktoren) sind nur schwer konstruktiv zu verarbeiten, wirken sich am massivsten aus und überfordern mitunter die Möglichkeiten der konstruktiven Bewältigung (Beelmann & Raabe, 2007). Dabei ist auf kritische Phasen erhöhter Vulnerabilität hinzuweisen, auf Entwicklungsstadien, die besonders sensibel erfahren werden: Übergänge/Transitionen (z.B. zwischen Zuhause und

Kindergarten oder Kindergarten und Schule), in denen sich vertraute Abläufe ändern, neue Bezugspersonen hinzukommen und veränderte Anforderungen gestellt werden. Sie stellen immer ein gewisses Risiko dar, bieten aber auch die Chance einer neuen positiven Entwicklung. In individueller Perspektive sind Beeinträchtigungen im Verhalten die sichtbaren Folgen eines Mangels von angemessenen und flexibel einsetzbaren Anpassungsleistungen angesichts neuer Herausforderungen und Aufgaben (Felner et al., 1993).

Tabelle 1 verdeutlicht die Notwendigkeit, bei einer erklärenden Perspektive auf Schulabsentismus den Blick auf die Risiken zu weiten und ihre Kumulation und Interaktion zu berücksichtigen (Gubbels, van der Put & Assink, 2019; Hammond, Linton, Smink & Drew, 2007; Ricking & Hagen, 2016). Grundsätzlich sind Familien aller sozialen Schichten von Schulabsentismus betroffen. Dennoch verdichtet sich die Problematik mit hohen Versäumnisfrequenzen in sozial benachteiligten Milieus und Gruppen mit größerer Bildungsferne. Familiale bzw. elterliche Faktoren bestimmen die Schulanwesenheit bzw. -abwesenheit maßgeblich mit (Ricking & Speck, 2018). Als strukturelle familiale Risikofaktoren gelten u. a. ein niedriger sozioökonomischer Status sowie die Ansiedlung in einem deprivierten Wohnviertel (Corville-Smith et al., 1998; Dunkake, 2007; Stamm et al., 2009). Die bedeutende Rolle dieser Faktoren wurde sowohl in internationalen (McAra, 2004) als auch nationalen (Baier, 2018) Studien dokumentiert. Als multipel wirkende Stressoren im Primärmilieu haben Delinquenz der Eltern, Drogenkonsum (Beekhoven & Dekkers, 2005; Gust, 2017), psychische Störungen, gewalttätige Konfliktregelung sowie chronische Krankheiten Einfluss auf den Schulbesuch (Weihrauch, Ricking & Wittrock, 2021; Ricking & Dunkake, 2017). Ein weiteres familiales Risikomerkmal des Schulabsentismus ist die Trennung der Eltern, bei der angenommen wird, dass die mit der Trennung verbundene emotionale Belastung und der Wegfall verschiedener Ressourcen für die Destabilisierung des Schulbesuchs mitverantwortlich sind. Damit sind sowohl finanzielle Mittel, die wiederum zur Belastung eines alleinerziehenden Elternteils (Deprivationstheorie) werden können, als auch Ressourcen gemeint, die sich auf den Erziehungsprozess auswirken können, wie z.B. mangelnde elterliche Kontrolle (Dunkake, 2010; Fornander & Kearney, 2019).

Tab. 1: Risikofaktoren bei Schulabsentismus (vgl. Gubbels et al. 2019)

\multicolumn{4}{c}{Risikofaktoren Schulabsentismus}
Individuum	Familie	Schule	Peers
• dissoziales Verhalten/Kognition • Substanzmissbrauch (Rauchen, Alkohol- und Drogenkonsum) • erhöhte Risikobereitschaft • delinquentes Verhalten • unangemessene Bewältigungsstrategien • internalisierende Probleme (z. B. Angst) • psychische Störungen (z. B. Depression) • niedrige Intelligenz • subkulturelle Zugehörigkeit	• schulisches Desinteresse/negative Schuleinstellung • Missbrauch, häusliche Gewalt • beeinträchtigte Eltern-Kind-Beziehung • psychische und chronische Erkrankungen der Eltern • unzulängliche elterliche Kontrolle • geringe Akzeptanz, wenig elterliche Unterstützung • instabile Familienkonstellation, Trennung der Eltern • geringer Bildungsstand der Eltern • niedriger sozioökonomischer Status	• negative Schüler-Lehrer-Beziehung • Klassenwiederholung • schlechte Schulleistungen, Lernbeeinträchtigungen • negative Schuleinstellung • geringes schulisches Bildungsniveau • negatives Schul- und Klassenklima • Klassen- und Schulgröße	• Deviante Peergroup (z. B. auffälliges Schwänzverhalten) • Anbindung an multikulturelle Peers (ausschließlich Dropout)

Daneben kommen auch die Qualität des schulischen Angebots, die programmatische Ausrichtung auf die Schülerklientel sowie das konkrete Management von An- und Abwesenheit auf der Handlungsebene im schulischen Bereich in Betracht (Lee & Burkam, 2003, Reid, 2002, Ricking & Dunkake, 2017). Zweifelsohne gehen auch vom Verhalten der Lehrkräfte und des weiteren schulischen Personals erhebliche Wirkungen aus (Baier, 2012):

> »Kontrollierendes Lehrverhalten, wie z. B. ein Mangel an Auswahlmöglichkeiten im Unterricht, langweilige Aufgaben und wenig Unterstützung durch die Lehrkraft, führen jedoch zu Disengagement und Rückzug vom Unterricht und der Schule, sowie zur Untergrabung jeglicher Motivation« (Raufelder, 2018, 86).

Lehrkräfte, die demgegenüber ihren Schülerinnen und Schülern Zuneigung entgegenbringen, sie unterstützen und sich für deren Probleme interessieren, steigern das Wohlbefinden und die Motivation der Kinder und Jugendlichen und mindern Schulschwänzen (Reid, 2014; Raufelder, 2018). Ein angespanntes bzw. gestörtes pädagogisches Verhältnis erhöht entsprechend das Risiko für das Fernbleiben vom Unterricht signifikant (Lee & Burkam, 2003; Malcom et al., 2003; Baier, 2012). Im Rahmen von ausgeprägtem Konkurrenzdenken und wenig Zusammenhalt unter den Mitschülerinnen und Mitschülern entwickeln sich zudem eine positive soziale Dynamik in der Klasse und ein Zugehörigkeitsgefühl in Bezug auf die Schule nur schwerlich (Oreopoulos, 2007; Henry & Huizinga, 2007; Juvonen, 2006; Visser, 2000).

Eine Fülle von Studien belegt den engen Zusammenhang zwischen schulischem Leistungsversagen und häufigen Schulversäumnissen (Gubbels, van der Put & Assink, 2019; Reid 2002, Baier, 2012; Stamm et al., 2009; Weiß, 2007; Ricking & Dunkake, 2017). Das Merkmal Schulversagen – und oftmals damit einhergehend mangelnde Motivation wie auch Schulunzufriedenheit – kann als einer der wirkungsmächtigen Risikofaktoren für Schulschwänzen bewertet werden. Schulerfolg wird zumeist als Schutzfaktor betrachtet (Ricking, 2014). Einige

2 Charakteristika des Schulabsentismus

Zitate aus Publikationen der letzten Jahre verdeutlichen diesen Zusammenhang:

- Baier, D. (2012, 55): »[...] Alle vier zusätzlich einbezogenen Faktoren stehen in signifikanter Beziehung mit dem Schulschwänzen: Schlechte Schulnoten, die Bereitschaft Risiken einzugehen, das Erleben elterlicher Gewalt und der Kontakt mit schwänzenden Freunden erhöhen das Schwänzrisiko.«
- Ricking & Dunkake (2017, 54): »Wenn die Schüler einen absteigenden Schulformwechsel erlebt haben, dann ist ihr Risiko, die Schule tageweise zu schwänzen um das 4,3-fache höher (RR=4,33, p≤0,001). Und wenn der Schüler im letzten Zeugnis mindestens eine Fünf hatte, dann steigt das Risiko des tageweisen Schulschwänzens um den Faktor 2,9, also fast das Dreifache«.
- Dunkake, I. (2007, 170). Familie und Schulverweigerung im Rahmen der Anomietheorie: Ergebnisse der PISA-Studie 2000: »Beide Indikatoren der Schulleistung (Einschätzung der Leistungen im Deutschunterricht und die Schulentwicklung) haben einen hochsignifikanten negativen Einfluss auf die Schulverweigerung (Modell 4): Eine niedrige Beurteilung der Leistungen erhöht die Wahrscheinlichkeit der Schulverweigerung um 30%, und das Wiederholen einer oder mehrerer Klassen steigert es um 39%.«
- Oberwittler, D., Blank, T., Köllisch, T. & Naplava, T. (2001, 71). Soziale Lebenslagen und Delinquenz von Jugendlichen: »SchülerInnen, die eine geringe Schulmotivation oder bereits eine Klasse wiederholt haben, gehören doppelt so oft zu den Schulschwänzern und sogar bis dreimal so oft zu den häufigen Schulschwänzern wie andere SchülerInnen.«
- Sälzer, C. (2010, 178). Schule und Absentismus. Individuelle und schulische Faktoren für jugendliches Schwänzverhalten: [...] »Dies kann besonders deutlich an der Variable der Leistungsanforderungen abgelesen werden: verglichen mit Schülern, die die Leistungsanforderungen gerade richtig finden, schwänzen sowohl Schüler, die die Anforderungen zu hoch finden [...] als auch diejenigen, die sie zu niedrig finden [...], häufiger. [...] »Je stärker also

Leistungsdruck wahrgenommen wird, desto häufiger wird in den betreffenden Klassen auch geschwänzt.«
- Schreiber-Kittl, M. & Schröpfer, H. (2002, 155). Abgeschrieben? Ergebnisse einer empirischen Untersuchung über Schulverweigerung: »Die Interviews zeigen, dass mangelnder Schulerfolg die Neigung verstärkt zu schwänzen. Man geht den Situationen aus dem Weg, in denen man vermutlich negative Erlebnisse haben wird.«
- Weiß, B. (2007, 52). Wer schwänzt wie häufig die Schule? Eine vergleichende Sekundäranalyse auf Grundlage von 12 deutschen Studien: »Schüler mit mindestens einer Klassenwiederholung schwänzen häufiger die Schule.«

Vor diesem Hintergrund – die Aufzählung ließe sich leicht verlängern – ist zu resümieren, dass das schulische Leistungssystem, in dem Noten und Zeugnisse eine übergroße Rolle spielen, unerwünschte Folgen für Schülerinnen und Schüler zeitigt, die in diesem Wettkampf auf der »Verliererstraße« sind. So entwickeln sich in den Einrichtungen des öffentlichen Schulsystems desintegrative Kräfte, die anwesenheitsverpflichtete junge Menschen, die oft ungünstige Herkunftsbedingungen für eine erfolgreiche Schulbiografie mitbringen, weiter von der Schule distanzieren. Der Umgang mit Klassenwiederholungen ist dafür ein Beispiel. Nach Angaben des Statistischen Bundesamtes (Destatis) wiederholten im Schuljahr 2019/2020 etwa 143.600 Schülerinnen und Schüler an allgemeinbildenden Schulen die Klassenstufe (60 % männlich, 40 % weiblich). Die vermeintlich wohlgemeinte Maßnahme, einen Schüler oder eine Schülerin zumeist aufgrund von Leistungsproblemen einen Jahrgang erneut durchlaufen zu lassen, zeigt sich vielfach als Fehlschluss. Erzwungene Klassenwiederholungen führen nicht nur selten zur Leistungsverbesserung, sondern erhöhen auch das Risiko für Dropout um ein Vielfaches und erschweren die soziale Einbindung deutlich (Stearns et al., 2007).

2.3 Prävalenz

Vorliegende Zahlen zu Häufigkeit und Verteilung von Schulabsentismus legen offen, dass nicht alle Schülergruppen in gleichem Ausmaß betroffen sind. Eine differenzierte Betrachtung zeigt ansteigende Fehlquoten ab Klasse 5 mit Höchstwerten zumeist in den 8. oder 9. Jahrgängen (Weiß, 2007). Dabei werden paritätische Verhältnisse zwischen den Geschlechtern oder leicht höhere Anteile für Schülerinnen verzeichnet (Rat für Kriminalitätsverhütung in Schleswig-Holstein, 2007). Massive Formen von Schulabsentismus weisen zumindest zeitweilig etwa 3–5 % eines Jahrgangs auf, in dieser Gruppe sind Jungen überrepräsentiert (Stamm, 2007). Die Schulformen unterscheiden sich in der Versäumnishäufigkeit recht markant (Weiß, 2007). Wenn auch an allen Schulen illegitime Versäumnisse vorkommen, geben hohe Fehlquoten Schulen mit eher niedrigen akademischen Anforderungen zu erkennen. Sie sind angesichts der relativ hohen Selektivität unseres Schulsystems oftmals Sammelbecken für Schülerinnen und Schüler mit Lern- und Verhaltensschwierigkeiten. Im regionalen Vergleich liegen die Fehlquoten in den neuen Bundesländern geringer als in den alten, was mit einer höheren Kontroll- und Reaktionsdichte in den dortigen Schulen begründet wird (Baier, 2012). Das bedeutet, dass dort mehr Fehlzeiten von den Lehrkräften wahrgenommen werden (die Dunkelziffer niedriger ist) und die Schulen auch häufiger darauf reagieren und beispielsweise Kontakt mit den Erziehungsberechtigten aufnehmen.

Es kann vorausgesetzt werden, dass ca. 4 % der Schulversäumnisse auf Krankheiten oder weitere legitime Gründe zurückzuführen sind (vgl. Krankenstand in Deutschland). Folglich ist eine schulische Anwesenheitsquote von etwa 96 % anzustreben (Ricking & Albers, 2019). Um die Anwesenheits- bzw. Fehlquoten zu messen und eine datenbasierte Handlungsfähigkeit in Schulen zu ermöglichen, ist eine systematische digitale Erfassung von Schulversäumnissen in Echtzeit zu gewährleisten. Von diesem notwendigen Standard sowie von einem auf Transparenz beruhenden Umgang mit Versäumniszahlen sind unsere öffentlichen Schulen noch weit entfernt. Auf Basis nationaler statistischer Erhebungen werden in England jedes Jahr Anwesenheitsfrequenzen veröffentlicht; Schulen machen dort Wochen- und Monatsstatistiken bekannt. Hierzulande vermeldet Berlin regelmäßig eine detaillierte Fehlzeitenstatistik, in der für die Jahrgangsstufen 7 bis 10 im 1. Schulhalbjahr 2019/2020 eine Gesamtfehlquote (entschuldigt plus unentschuldigt) von 6,67 % vermerkt ist.

3 Schulversäumnissen zugrundeliegende Beeinträchtigungen

In fachlicher Hinsicht sind im Bereich des Schulabsentismus relativ oft Verhaltensmuster erkennbar, die auf tieferliegende Problematiken oder Störungen zurückgehen. In dieser Perspektive ist es als Erscheinungsform bzw. Symptom zu verstehen, das in Verbindung steht mit und angeregt wird durch innere Prozesse, die auf individueller Ebene im Kontext der Mentalisierung u.a. an der Verhaltenssteuerung mitwirken. Diese Beeinträchtigungen (z.B. Trennungsangst), die sich im Rahmen von individuell gegebenen Risikokonstellationen (s.o.) entwickeln (z.B. hochängstliche Eltern als Modelle) und Meidungsverhalten beim Kind auslösen (z.B. Schulabsentismus), sollen nun stärker fokussiert werden. Grundsätzlich gehen Menschen vor dem Hintergrund (überfordernder) psychosozialer Schwierigkeiten unterschiedliche Wege, um damit umzugehen und diese zu bewältigen (Coping). Differenziert wird dabei zwischen internalisierenden und externalisierenden Formen (Ricking & Wittrock, 2021).

> »Im Sinne einer ›dimensionalen‹ Betrachtung und Klassifizierung von Verhaltensauffälligkeiten und psychischen Störungen werden unter der Begrifflichkeit externalisierende Störungen jene Phänomene zusammengefasst, bei denen die (dysfunktionale) Bewältigung innerpsychischer Konflikte oder psychosozialer Anforderungen bzw. Entwicklungsaufgaben unmittelbar auf die Außenwelt gerichtet ist.« (Fröhlich-Gildhoff, 2010, 129)

Eine aggressiv-impulsive Zugangsweise in Konflikten oder delinquentes Verhalten sind Beispiele für dieses Muster. Entsprechend sind internalisierende Formen dadurch gekennzeichnet, dass eine intrapersonale Form des Umgangs versucht wird, wie es bei Angststörungen oder depressiven Verstimmungen beobachtbar ist. Die Person zieht sich zurück, wirkt verunsichert, traurig und hilflos. Sowohl die nach außen als auch die nach innen gerichtete Verhaltenstendenz kann als dysfunktionale, d. h. nicht zielführende, Bestrebung aufgefasst werden, mit einer problematischen Lage zurecht zu kommen. Daher kennzeichnen diese Verhaltensweisen zumeist einen Bedarf an Unterstützung, Sorge und Förderung. An dieser Stelle sei auf den in der Reihe »Fallbuch Pädagogik« erschienenen Band zum Themenfeld Schulangst verwiesen (Brodersen & Castello, 2022). Dort werden neben fachlichen Grundlagen anhand von drei Fallvignetten pädagogische Initiativen bei Trennungsangst, sozialer Angst und Prüfungsangst dargestellt.

3.1 Dysfunktionale Emotionsregulation

Ein Faktor, der viele internalisierende und externalisierende Problemvarianten in dem Sinne verbindet, dass er in diesen Formaten eine entscheidende Rolle spielt, ist die (beeinträchtigte) Emotionsregulation (Kullik & Petermann, 2012). Emotionen entstehen, wenn ein Individuum eine äußere Situation oder sein inneres Erleben als relevant oder bedeutungsvoll für sein persönliches Leben oder seine Ziele ansieht (Brandstätter, Schüler, Puca & Lozo, 2013). Sie sind somit auf ein bestimmtes inneres oder äußeres Objekt, auch Ereignisse gerichtet und folglich kontextgebunden. Emotionen, die als gefühlsbezogene Erscheinungsweisen beschreibbar sind, bringen im Erleben stets eine spezifische Erlebnisqualität mit. »Die Funktion von Emotionen besteht darin, Ereignisse (äußere Reize oder Gedanken) möglichst rasch hinsichtlich ihrer Relevanz zu bewerten und den Organismus darauf vorzubereiten, schnell und angemessen auf das Ereignis zu reagieren« (Sachse & Langens, 2014, 17). Dabei sind Emotionen vielschichtig, sie betreffen das subjektive Erleben, das Verhalten, die physiologischen Reaktionen und beinhalten Reaktionstendenzen, die vom Individuum moduliert werden können. Dieser letzte Aspekt ist grundlegend für die Regulation von Emotionen. Der Begriff Emotionsregulation bezeichnet in diesem Zusammenhang Fähigkeiten, Strategien und Verhaltensweisen, den Emotionen Ausdruck zu geben, sie zu modifizieren und auch zu kontrollieren (Beetz, 2013). Es geht dabei somit um eine Fähigkeit zur internalen und externalen Emotionsregulation, d. h. die Regulierung der eigenen Gefühlszustände (internal) und die Handhabung des eigenen Ausdrucks derselben in sozialen Situationen (external). Vor allem machen es soziale Normen notwendig, den emotionalen Ausdruck zu regeln, da ungefilterte Emotionen in der Interaktion vielfach Wirkungen entfalten können, die den eigenen Handlungszielen entgegenstehen. Dysfunktionale und funktionale Ausprägungen im Umgang mit Emotionen sind aus psychologischer wie auch pädagogischer Sicht unterscheidbar, wobei funktionale Formen der Emotionsregulation als (situations-)angemessene Herangehensweisen an unterschiedliche Qualitäten von Emotionen verstanden werden und dysfunktionale demgegenüber nicht nur maladaptiv sind und die schulische Leistungsfähigkeit einschränken, sondern auch ein Risiko für die psychische Gesundheit bilden (Kullik & Petermann, 2012; Barnow, Reinelt & Sauer, 2016).

Im Feld des Schulabsentismus sind sowohl internalisierende als auch externalisierende Muster der Bewältigung erkennbar, wobei die Vermeidung als dysfunktionales Reaktionsmuster im Mittelpunkt steht: »Situationen, die unerwünschte Emotionen auslösen, werden gezielt vermieden, während Situationen, die erwünschte Emotionen hervorrufen, aufgesucht bzw. hergestellt werden« (Brandstätter, Schüler, Puca & Lozo, 2013, 181). Aus einer »Hier-und-jetzt-Perspektive« von betroffenen Schülerinnen und Schülern stellt diese Vermeidungsreaktion oft die einzige ihnen mögliche Lösung in einer schwierigen Situation oder auch eine positive Lernerfahrung dar, die dazu anregt, dieses Verhaltensmuster zu wiederholen. Nach der Analyse von Götz et al. (2007, 316) wird schulische Meidung als subjektive Lösungsstrategie (z. B. gegen Langeweile) eingeschätzt:

3.1 Dysfunktionale Emotionsregulation

»Meidensorientierte Bewältigung meint die behaviorale oder mentale Flucht bzw. die Vermeidung einer Konfrontation mit einer Situation, indem man sich erst gar nicht in diese begibt (mentale Ablenkung; Verlassen der Situation wie beispielsweise zur Toilette gehen oder vortäuschen, dass einem unwohl ist; Zuspätkommen, Absentismus).«

Mit Blick auf Schulschwänzen kann folglich die motivationale Komponente der Langeweile, die so antizipierte Situation zu meiden, das Problem verdeutlichen. Insofern ist Langeweile in der Schule eine häufige (ein erheblicher Teil des Unterrichts im Erleben vieler Schülerinnen und Schüler, Götz et al., 2007), aber pädagogisch unerwünschte Erscheinungsform und kann als wichtiger Indikator für Veränderungen im Unterricht fungieren (Holler-Nowitzki & Meier, 1997).

Nun könnte ein Schüler einerseits auf die erlebte Langeweile so reagieren, dass er nach der nächsten Pause nicht wieder in den Unterricht zurückkehrt. Seine Handlung wäre in diesem Fall ein unmittelbarer Ausdruck seines negativen emotionalen Erlebens der letzten Stunden und einer Antizipation auf kognitiver Ebene, die davon ausgeht, dass auch die nächsten zwei Unterrichtsstunden von ähnlicher Langeweile durchsetzt sein würden. Andererseits hätte der Schüler auch die Option, über seine missliche Lage nachzudenken und dabei die Folgen in den Blick zu nehmen, die das Versäumen des Unterrichts bzw. das Verbleiben im Klassenraum zeitigen würden. Möglicherweise würde er zu dem Schluss kommen, dass es besser ist, auch die nächsten zwei potenziell langweiligen Stunden auszuhalten, um einen Beitrag dazu zu leisten, in diesem Fach auf die nächste Leistungskontrolle gut vorbereitet zu sein. Holodynski (2006, 77) bezeichnet die letztgenannte Form

»als reflexive Emotionsregulation, weil zwischen Ziel und Ausführung Phasen der Überlegung, des Abwägens und Planens, also Phasen der Reflexion, geschaltet sind. Die Fähigkeit der Emotionsregulation versetzt die Person in die Lage ihren Emotionen und den damit verbundenen Handlungsbereitschaften nicht mehr nur ausgeliefert zu sein, sondern aktiv Einfluss auf die Wirkung der eigenen Emotionen nehmen zu können.«

In diesem Kontext kann die reflexive Emotionsregulation als Förderziel betrachtet werden, denn mittel- und langfristig ist Meidung ein Ausdruck dysfunktionaler Emotionsregulation, die in Verbindung mit beträchtlichen zukünftigen Lern- und Lebenserschwernissen steht. So ist die vorherrschende Emotionsregulationsstrategie bei Angststörungen ebenso die Vermeidung, die den Zweck erfüllt, erwartbare unangenehme Emotionen zu umgehen. Auf Dauer sorgt die Meidung allerdings dafür, dass eine konstruktive Auseinandersetzung mit dem Angsterleben ausbleibt, diesbezügliche Lernprozesse nicht stattfinden, sich die Fähigkeit zur Regulation der Emotionen nicht verbessert und sich die Angstproblematik verstetigt. Insofern könnten auch in der Schule Lernprozesse initiiert werden, die diese konfrontativen und reflexiven Komponenten aufweisen, sodass Jugendliche nicht die Unterrichtssituation impulsiv umgehen, sondern bessere Lösungen auf der Basis von durchdachter Abwägung finden.

3.2 Angst und Angststörungen

Dass der schulische Alltag vieler Schülerinnen und Schüler von Ängsten begleitet wird, ist seit langem bekannt und wird nicht selten als Nebenprodukt formeller Bildung billigend in Kauf genommen. Man hat sich, so scheint es, mit diesem Phänomen arrangiert – und setzt sich dabei nicht ausreichend mit den erheblichen Folgen für die Lernenden auseinander (Schuster, 2017). Denn deren emotionale Verfassung hat neben einem Eigenwert eine hohe Relevanz für schulisches Engagement und die Qualität der Lernprozesse (Pekrun, 2006). Starkes Angsterleben in der Schule muss als pädagogisch unerwünschtes Phänomen bewertet werden, weil es das subjektive Wohlbefinden des Schülers/der Schülerin beeinträchtigt, die psychosoziale Entwicklung wie auch die Leistungsfähigkeit des Schülers oder der Schülerin angreift (Stein, 2012).

»Angst meint das als unangenehm erlebte Gefühl, das als Reaktion auf innere oder äußere, tatsächlich oder nur erlebte bzw. antizipierte Bedrohungen oder Gefahren entstehen kann. Von Ängstlichkeit kann gesprochen werden, wenn das unangenehme Gefühl der Bedrohung chronifiziert ist, wenn also eine überdauernde Bereitschaft entsteht, häufig, stark und situationsübergreifend mit dem Affekt Angst zu reagieren« (Myscher & Stein, 2018, 452 f.).

Angst wird somit von Menschen allgemein als ein negativer Zustand empfunden, der sich in subjektiv bedrohlich erlebten Situationen zeigt (Essau, 2014; Schneider, 2004). Sie gehört grundsätzlich zum Menschsein und Leben, war evolutionsgeschichtlich überlebensnotwendig und bewahrt Menschen z. B. davor, existenzielle Risiken einzugehen. Der fachliche Gegenstand Angst differenziert sich begrifflich (Ricking, 2014):

- *Angst:* psychisch-physische Reaktion auf eine subjektiv erlebte Bedrohung (Angst als momentaner Zustand)
- *Ängstlichkeit:* Verhaltenstendenz, Situationen als bedrohlich wahrzunehmen (Angstsensitivität als Persönlichkeitsmerkmal)
- *Furcht:* eine rationale, situationsspezifische Reaktion auf eine objektiv gegebene äußere Gefahr (Angst in realer Bedrohungssituation)
- *Phobie:* eine irrationale, intensive Angst vor bestimmten Objekten oder Situationen (ausgeprägte irrationale Angst)

Angst wird vor diesem Hintergrund ganzheitlich erlebt und zeigt sich auf unterschiedlichen Ebenen: Das vegetative System wird aktiviert: Herzrasen oder Blässe; im emotionalen Erleben bedeutet Angst Pessimismus, Unsicherheit oder Hilflosigkeit; in kognitiver Hinsicht: negative, fatalistische Gedanken; schließlich auf Verhaltensebene: Ersatzhandlungen, Verweigerung, Flucht oder Aggression (Schwarzer, 2000). Menschen versuchen stets, das belastende Angsterleben für sich zu mindern. Insofern ist es sinnvoll, dass sie sich vor unnötigen Situationen der Bedrohung, wenn möglich, schützen. Da ein völlig angstfreies Leben aber nicht umsetzbar ist, sollte es in pädagogischen Kontexten auch Ziel sein, daran zu arbeiten, die Angst in einem gewissen Rahmen zu akzeptieren, Gegenkräfte zu entwickeln (Mut, Vertrauen, Hoffnung) und sie adäquat auszuleben (Mackowiak, 2007; Schertler, 2004).

Wenn das Angsterleben für eine Person eine Intensität und eine Dauer erreicht, die mit ausgeprägten seelischen Belastungen einhergehen, ist zu prüfen, ob eine Angststörung vorliegt (Weber, Welling & Steins, 2012). Sie ist dann einschlägig,

> »wenn die Ängste zu einem erheblichen Leidensdruck führen, die Lebensweise des Kindes stark und anhaltend beeinträchtigen, langfristig die normale Entwicklung des Kindes verhindern oder Probleme in der Familie oder in anderen Lebensbereichen (z. B. Schule) auslösen« (Adornetto & Schneider, 2009, 261).

Vielfach ziehen sich die betroffenen Kinder und Jugendlichen in sozialen Situationen zurück, wirken verunsichert, angstvoll und gehemmt. Zur Prävalenz von Angststörungen verdeutlicht Mackowiak (2007, S. 109):

> »Die Häufigkeitsangaben für eine Störung mit klinisch bedeutsamer Ausprägung liegen nach den Kriterien gängiger Diagnosesysteme [ICD-10, DSM-IV] bei ca. 10 bis 15 %. Diese Angaben reduzieren sich jedoch (auf etwa 3 bis 4 %), wenn neben den Symptomkriterien zusätzlich das Kriterium der Funktionsbeeinträchtigung im Alltag berücksichtigt wird«.

Die Quoten von Angststörungen bei Kindern und Jugendlichen variieren relativ stark in Bezug auf das Geschlecht, das Alter und den sozioökonomischen Status. Aktuelle Studien zeigen jedoch, dass die Anzahl der Fälle weiterhin auf einem besorgniserregend hohem Niveau liegt (Witte, 2022). Die Angaben sind somit u. a. abhängig von den in Ansatz gebrachten Kriterien. Damit zählen Störungen im Umfeld von Angst zu den häufigsten im Kindes- und Jugendalter (Ihle & Esser, 2008). Hohe Prävalenzen geben Trennungsangst, Phobien, die Generalisierte Angststörung und Zwangsstörungen zu erkennen (Adornetto & Schneider, 2009). Aufgrund der »stillen Problematik« begegnet ihnen jedoch auch bei professionellen Akteuren mitunter nur wenig Aufmerksamkeit, sie benötigen jedoch in der Schule und darüber hinaus pädagogische und/oder therapeutische Unterstützung (Myschker & Stein, 2018; Schneider, 2004). Angstbedingte Schulmeidung gilt neben dem Schulschwänzen und dem Zurückhalten von Schulpflichtigen durch Erziehungsberechtigte somit als relevantes Muster des Schulabsentismus (Ricking & Hagen, 2016).

Schulangst

Im großen Spektrum menschlicher Ängste sind mit Schulangst diejenigen gemeint, die sich in der Schule manifestieren, dort ihren Ursprung haben und sich auf schulische Situationen beziehen (Dorsch & Zierer, 2021). Also eine Angst vor Personen oder Bedingungen, die mit dem Schulbesuch insgesamt oder mit einzelnen schulischen Situationen assoziiert sind. Stein (2012, 81) nennt drei Grundbedingungen:

- »Schulische Leistungsanforderungen [...];
- Situationen der Bewertung durch Lehrer, Mitschüler und Familienangehörige [...];
- Situationen des subjektiv erlebten physischen und psychischen Bedrohtseins durch Mitschüler oder auch andere Personen in schulischen Kontexten.«

Im Mittelpunkt der Schulangst stehen also soziale und/oder leistungsthematische Aspekte des Schullebens, die subjektiv als bedrohlich und angsteinflößend erfahren werden. Die Schulversäumnisse können als Meidung der angstauslösenden Reize in der Schule interpretiert werden (Ricking, 2014). Es sind neben individuellen Faktoren der Schülerinnen und Schüler somit auch diverse Aspekte moderner Schulen, die als vordringliche Grundbedingungen bzw. Quellen der Schulangst bedeutsam sind: Erstens sind Schulen Masseneinrichtungen, in denen hunderte von Menschen täglich zusammenkommen und soziale Konflikte entstehen; zweitens unterliegen Schülerinnen und Schüler kodifizierten Leistungserwartungen, die zu beträchtlichem Druck und Stress führen können, und drittens gilt die

Schulpflicht, sodass ein Ausweichen nicht ohne Folgeprobleme möglich ist (Ricking & Speck, 2020). Ein weiterer Aspekt, viertens, aus dem pädagogisch-psychologischen Spektrum ist zudem nennenswert: Es ist die Frage nach der Bedeutung von Emotionen von Lernenden in der Schule und wie damit umgegangen wird (Bernhausen, 2010). Folglich sind in der Schule vor allem soziale und/oder leistungsbezogene Ursachen für Schulangst in den Blick zu nehmen. Das in der Schule stets mögliche Versagen hinsichtlich der Leistungsanforderungen mit dem einhergehenden Verlust an sozialer Achtung sowie einem labilen Selbstkonzept kann ausgeprägte Angstintensitäten erzeugen, sodass die entsprechenden unterrichtlichen und schulischen Situationen als sehr unangenehm erlebt werden und Meidungsverhalten erwirken (Weber & Petermann, 2016). Der Eine hat Angst, in einer schriftlichen Prüfung zu versagen, die Andere, in der Klasse etwas präsentieren zu müssen. Es geht somit um reale Ängste, die sich um Anforderungssituationen drehen, die nicht bewältigbar erscheinen und die Verhaltenstendenz aufbauen, sie zu vermeiden.

> »Im Beitrag wurde deutlich, dass sowohl eine niedrige Selbstwirksamkeitserwartung als auch Schulangst Auswirkungen auf unautorisierte Fehlzeiten haben. [...] Schulangst tritt häufig in Verbindung mit schulischen Leistungsanforderungen auf und ist durch einen sozialen Konkurrenzdruck auf Klassenebene gekennzeichnet« (Fischer, Dunkake & Ricking, 2022, 455).

Daneben sind soziale Ängste unter Schülerinnen und Schülern in ihrer Bedeutung nicht zu unterschätzen und können sich auf unterschiedliche Aspekte des Schullebens beziehen (z. B. Mitschülerinnen und Mitschüler, Lehrkräfte, Gebäudeteile, Schulfächer oder Unterrichtsstunden) (Melfsen & Walitza, 2013).

Trennungsangst

Die Angst des Kindes, durch den Schulbesuch von der Hauptbezugsperson getrennt zu werden, wird im Modell der Trennungsangst als Ursache für die Verweigerungshaltung gesehen. In der Entwicklung dieser Störung der Autonomieentwicklung spielen überprotektive Eltern als ängstliche Modelle eine beträchtliche Rolle und begründen bzw. verstärken ein verunsicherndes Erleben der Umwelt (Egger, Costello & Angold, 2003). Gleichzeitig wird in diesem Rahmen exploratives Verhalten und in der Folge die Autonomieentwicklung eingeschränkt – auch soziale Kompetenzen bleiben auf der Strecke. Während die soziale Unsicherheit beim Kind wächst, empfindet es eine Trennung von den Eltern als zunehmend bedrohlich. Daher unternimmt das Kind alles, um das zu verhindern und stets in der unmittelbaren Nähe der Hauptbezugsperson zu bleiben. Die Trennungsangst stabilisiert sich und wird durch das Rückzugsverhalten negativ verstärkt. Ein oft genanntes Motiv des Kindes in der tiefen emotionalen Verunsicherung besteht darin, dass einer nahestehenden Bezugsperson während der Schulzeit etwas Ernsthaftes zustoßen könnte. Daneben ist eine massive Weigerung zu beobachten, allein ohne Begleitung der Hauptbezugsperson ins Bett zu gehen oder tagsüber ohne diese zuhause zu sein. Die Schülerinnen und Schüler zeigen Rückzugsverhalten, vermeiden soziale Situationen, wirken gehemmt, somatisieren emotionale Probleme und klagen über Schmerzen und Krankheitssymptome (u. a. Kopf- und Bauchschmerzen, Schlafstörungen) für die sich häufig keine organischen Gründe finden lassen (Reissner & Knollmann, 2020). Als zentrale Kennzeichen von angstinduziertem Meidungsverhalten bezogen auf die Schule im Kontext von Trennungsangst können somit das Verbleiben in der elterlichen Wohnung, die zwanghafte Unfähigkeit zum Schulbesuch und schwere emotionale Ausbrüche bei anstehendem Schulgang betrachtet werden (Diegel, 2015). Vielfach prägt tiefe Besorgnis die Familie, das Kind zieht viel Aufmerksamkeit auf sich und Hilflosigkeit macht sich breit. Mitunter dominiert und steuert das schulverweigernde Kind große Teile der familialen Interaktion.

Auch bei der Trennungsangst liegt das Angsterleben oft in einem Maße vor, dass sich Schulpflichtige von der Schule distanzieren und monatelange Fehlzeiten aufweisen (Chitiyo & Wheeler, 2006). Dabei ist Meidung als Reaktionsmuster so einzuschätzen, dass sie kein Potenzial einer zielführenden Problemlösung bereithält. Im Gegenteil:

Meidung unterbindet eine produktive Auseinandersetzung mit den Schwierigkeiten und befördert deren Verstetigung. Die körperlichen Begleiterscheinungen der Angst leiten indes oftmals eine Verlagerung der Sache in den medizinischen Bereich als Lösungsversuch ein (»Flucht in Krankheit«). Die Schülerinnen und Schüler klagen über Schmerzen und Krankheitssymptome und werden beim Haus- oder Kinder- und Jugendarzt mit unspezifischen Symptomen wie Bauchschmerzen oder Übelkeit vorstellig. Die tatsächlichen, zumeist psychosozialen Gründe, die hinter der Angst zu finden sind und den Schulbesuch erschweren, werden von somatischen maskiert (Globirsch & Kuhnert, 2013). Diese »Maskierung« der Schulverweigerung, ungeachtet des Charakters der Krankheitssymptome, »legalisiert« in der Folge die Versäumnisse. Aus Sicht der Schulen und Schulbehörden stellt sich die Frage, wie sie sich bei gehäuften Krankmeldungen durch die Eltern oder dauerhaften Krankschreibungen durch Ärzte verhalten sollen. Wenn der Absentismus ein Ausmaß annimmt, das die Verantwortlichen in der Schule an der Glaubwürdigkeit der krankheitsgestützten Entschuldigungen zweifeln lässt, sind häufig schon viele Monate vergangen. Zumeist haben Schulleitungen die Option, eine Attestpflicht für Krankschreibungen einzusetzen und darüber hinaus in zweifelhaften Fällen einen Amtsarzt hinzuzuziehen (Peponis, Brünjes & Böhm, 2016).

Angst und Depressionen

Angsterkrankungen und Depressionen bzw. depressive Verstimmungen kommen sehr häufig bei einer Person gleichzeitig vor und zeigen eine ausgeprägte Komorbidität von über 50 % (Essau & Petermann, 2002). Auch Depressionen sind mit Blick auf häufige Fehlzeiten in der Schule besonders bei Jugendlichen zu berücksichtigen. Schon erste Plausibilitätserwägungen unter Sichtung der Hauptsymptome der Depression (v. a. Interessen- sowie Antriebslosigkeit, andauernde Traurigkeit, Niedergeschlagenheit) deuten bei dieser psychischen Beeinträchtigung auf eine Risikobelastung für einen regelmäßigen Schulbesuch hin. Daneben sind ein geringes Selbstwertgefühl, wenig Konzentrationsvermögen, Gereiztheit, selbstverletzendes Verhalten wie auch Gewichtsverlust sowie Veränderungen im Schlafverhalten festzustellen (Hautzinger, 2017). Für Kinder im Schulalter kann sich die Problematik einer depressiven Störung auch in Leistungsproblemen, Schuldgefühlen und Selbstzweifel zeigen. Die Prävalenz der Depression variiert stark, ist aber schon vor der Adoleszenz dokumentiert und steigt im Laufe des Jugendalters auf ein Maß, dass jeder/jede zehnte Jugendliche (dann in der Mehrzahl weiblich) zumindest eine depressive Episode erlebt, »wobei mindestens 3 % sehr ernsthaft betroffen sind« (Schuster, 2017, 150). Aspekte einer depressiven Symptomatik können auch in der Schule offenkundig werden. So fällt es den betroffenen Schülerinnen und Schülern schwer, morgens aufzustehen, und die Antriebslosigkeit sorgt dafür, dass sie zu spät oder nicht zum Unterricht erscheinen. In massiven Fällen wird der Unterricht gar nicht mehr besucht. Auch das Abbrechen des Schulvormittags aus gesundheitlichen Gründen, eine geringe Konzentrationsfähigkeit und das Abdriften in die eigene, oft düstere Gedankenwelt sowie starke Stimmungsschwankungen werden verzeichnet (Groen & Petermann, 2013). Generell ist passives, interessenloses Verhalten vordringlich. Diese Erscheinungsformen und Merkmale der unterschiedlichen Formen depressiver Störungen bieten wirksame Voraussetzungen für Fehlzeiten, Verkürzungen des Schultages und sehr unregelmäßige Muster des Schulbesuchs (vgl. Castello und Brodersen, 2021).

3.3 Leistungsprobleme und Schulversagen

Schon bald nach dem Schuleintritt zeigen sich für manche Kinder markante Problemfelder, wenn schulische Leistungs- und Verhaltenserwartungen zum allgemeinen normativen Maßstab für akzeptables und inakzeptables Verhalten werden. Ein deutlicher Indikator ist Schulversagen: Schülerinnen und Schüler mit chronischem Absentismus und Dropouts bekunden in Bezug auf Klassenwiederholungen, Noten und Schulwechsel signifikant ungünstigere Resultate als die Vergleichspopulationen (Sälzer, 2010; Montmarquette, Viennot-Briot & Dagenais, 2007; Wagner, Dunkake & Weiß, 2004). Da Wohlbefinden und Leistungserbringung in einem engen Verhältnis zu sehen sind, vertiefen sich die ungünstigen emotionalen und interaktionalen Vorzeichen leicht im Kontext von Leistungsproblemen (Rathmann & Hurrelmann, 2018; Bundschuh, 2003). Während die Schule dem sozial angepassten und leistungsstarken Schüler Lob und hohes Ansehen entgegenbringt und sich oftmals Schulzufriedenheit und ein regelmäßiger Schulbesuch einstellt, bleibt dem leistungsschwachen diese Anerkennung versagt, was mit einer Gefährdung des (schulischen) Selbstkonzepts einhergeht. Mit fallender Leistung und ausbleibender sozialer Annahme erfahren Schülerinnen und Schüler stetig mehr Zurückweisung und Frustration; Leistungsversagen wird zu einer subjektiven Gewissheit, die Schule ein Ort der Ablehnung. Motivational kommt es so zu abnehmender Wertschätzung von Unterricht und Schule sowie zu Meidungsverhalten. Gut erkennbar sind in der Folge die Anbahnung und Etablierung von pädagogisch ungünstigen zirkulären Prozessen aus Versagen, lernprozessbezogenem Kontrollverlust, unzureichender Selbstwirksamkeitserwartung, Demotivation und Vermeidung, aus dem die Betroffenen mit eigenen Mitteln oft nicht mehr herausfinden.

Die schulischen Leistungsprobleme bis zur akademischen Entkopplung fungieren dabei nicht nur als Voraussetzung, sondern auch als Folge des Meidungsverhaltens. Die Grundbedingung, dass positive Emotionen mit dem täglichen Aufenthalt in der Schule verwoben sind, wird oft nicht erfüllt (Sälzer, 2010). Erlebt ein Schüler, dass seine Leistungsperformanz regelmäßig und deutlich hinter den gesetzten Standards liegt, er sich für diese erlebte Insuffizienz selbst verantwortlich hält, intern-stabil attribuiert und auch durch zusätzlichen Energieaufwand keine Möglichkeit sieht, seinen Stand zu verbessern, folgen pädagogisch unerwünschte emotionale und motivationale Konsequenzen für zukünftige Lernprozesse (Fischer, 2006; Schuster,

3.3 Leistungsprobleme und Schulversagen

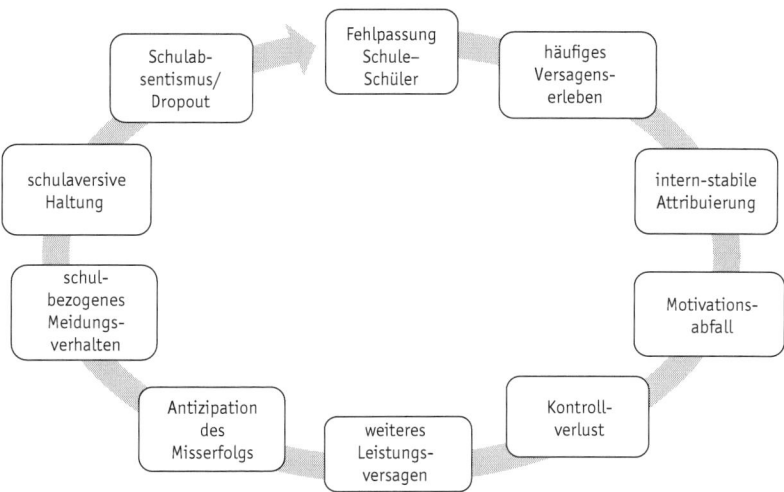

Abb. 3: Teufelskreismodell: Versagen – Vermeiden

2017; Weiner, 1994). Eine intern-stabile Attribuierung liegt dann vor, wenn jemand die Ursachen für persönliche Ereignisse stets sich selbst zuschreibt; ein Schüler/eine Schülerin beispielsweise immer die misslungenen Lernkontrollen mit der eigenen Unfähigkeit begründet. In der Folge verändert sich das schulische Selbstkonzept ungünstig, z. B. durch die Beschämung mittels weiterer Misserfolge, und die schwindende Selbstwirksamkeitserwartung hat zunehmend Einfluss auf die Motivation (Bandura, 1997).

> »Bandura zeigt, dass die Frage, wie motiviert ein Schüler ist, auch sehr stark von seiner Selbstwirksamkeitserwartung abhängig ist, wie etwa von den Einschätzungen seiner eigenen Fähigkeiten. Es ist demnach gar nicht so sehr die tatsächliche, objektive Fähigkeit, die bestimmt, welche Resultate erzielt werden, sondern welchen Eindruck der Schüler selbst davon hat, bzw. welcher ihm vermittelt wurde« (Schuster, 2017, 52).

Die geringe Selbstwirksamkeitserwartung befeuert die Abwärtsspirale weiter, die jahrelang die Bildungswege der Heranwachsenden durchzieht, wobei die Anfänge vielfach schon in der Primarstufe zu lokalisieren sind (Hickman et al., 2008; Battin-Pearson, Newcomb,

Abbot, Hill, Catalano & Hawkins, 2000) und der steinige Bildungsweg in der Sekundarstufe 1 bisweilen abbricht (Hillenbrand & Ricking, 2011). Auf psychischer Ebene erweist sich somit die Unkontrollierbarkeit in Bezug auf Wirkungen eigenen Lernhandelns als besonders problematisch für die Motivationslage (Rathmann, Herke, Hurrelmann & Richter, 2018).

Ein ebenso relevanter Risikofaktor, den es in diesem Kontext zu beachten gilt, ist eine Lernstörung (z. B. Dyskalkulie, Lese-Rechtschreibstörung, Aufmerksamkeitsstörung), der Schülerinnen und Schüler mit Schulversagen deutlich häufiger und massiver ausgesetzt sind als deren Mitschülerinnen und Mitschüler. Das gemeinsame Auftreten von Lern- und Verhaltensschwierigkeiten lässt sich durch Quoten von ca. 50–75 % beziffern (Kavale & Forness, 1996; Myschker & Stein, 2018; Willcutt et al., 2013). So zeigen Schülerinnen und Schüler mit Lernschwierigkeiten deutlich mehr Verhaltensauffälligkeiten als gleichaltrige Mitschülerinnen und Mitschüler. Im Mittelpunkt stehen Angst- und depressive Symptome (Nelson & Harwood, 2011) sowie Probleme mit der Aufmerksamkeit (Miranda et al., 2011). Die genannten Symptome sind als mögliche Ursachen verschiedener Formen von Schulabsentismus anerkannt und können zur Erklärung der Zusammenhänge herangezogen werden (Hagen & Ricking, 2022).

Schülerinnen und Schüler mit Lernstörungen machen seltener die Erfahrung, Aufgaben zu verstehen und zu einer erfolgreichen Lösung zu führen. Das bedingt wiederum eine Unsicherheit im Umgang mit schulischen Anforderungen sowie häufig ein negatives schulisches Selbstkonzept. Die geringe Wissensbasis führt zu Adaptionsschwierigkeiten, sodass Verknüpfungen neuer Informationen beeinträchtigt sind. Durch die geringe Übung sind Überwachungsprozesse beim Aufgabenlösen nicht ritualisiert. Im Vergleich zu Mitschülerinnen und Mitschülern lernen Schülerinnen und Schüler mit Lernstörungen oft wesentlich langsamer, gelernte Inhalte vergessen sie schneller und sie weisen größere Schwierigkeiten beim abstrakten Begriffslernen auf. Sie zeigen nur wenige exekutive Techniken und Lernstrategien, die den Lernprozess in der Schule tragen. Sie benötigen neben kognitiver Unterstützung vor allem angemessene Anforde-

3.3 Leistungsprobleme und Schulversagen

rungen in Niveau und Tempo sowie positive Lernerfahrungen. Vor diesem Hintergrund ist zusammenzufassen, dass Schülerinnen und Schüler, die beispielsweise durch Herkunftseffekte oder Lernstörungen von Beginn an ungünstigere Bedingungen für schulischen Erfolg aufweisen, in der Schule allzu leicht in einen Teufelskreis des Versagens und Meidens geraten. Sie werden durch motivationale Prozesse, die wesentlich von systemischen Bedingungen in der Schule getragen werden, zusätzlich beeinträchtigt (Seligman, 2016). Geringe oder fehlende Passung zwischen Schule mit ihren Bedingungen und Erwartungen und einem Teil der Schülerinnen und Schüler mit ihren Möglichkeiten und Zielen erscheint als strukturelles Grundproblem schulpädagogischen Handelns.

Als Beispiel der oben angesprochenen Lernstörungen sind Aufmerksamkeitsstörungen angeführt. Dem Lerngegenstand ausreichende Aufmerksamkeit zuzuwenden und die eigenen Aktivitäten diesbezüglich zu kontrollieren, stellt eine essenzielle Prämisse für erfolgreiches Lernen dar. Dabei geht es nicht nur um die Frage, ob Aufmerksamkeit zugestanden wird, sondern auch darum, wie und in welcher Intensität. Aufmerksamkeit gewinnt ihre Bedeutung für Lernprozesse aus der funktionellen Verbindung zum Lernen: Sie steuert die Wahrnehmung und die Prozesse der Verarbeitung von Information durch Konzentration und Fokussierung und wendet sich in Abhängigkeit verfügbarer Ressourcen selektiv Reizen auf Kosten anderer zu. Begrifflich wird zumeist ein Bezug zu den Mustern ADS (Aufmerksamkeit-Defizit-Syndrom) oder ADHS (ADS mit Hyperaktivität) hergestellt. Ausgehend von einer grundsätzlichen Gen-Umwelt-Interaktion weisen diverse Forschungsstudien zu den Ursachen auf den großen Einfluss der genetischen Ausstattung des Kindes, auf Frühgeburtlichkeit und ein geringes Geburtsgewicht hin, was vielfach auch als Entlastung der Eltern interpretiert wird (Petermann, 2013). Es ist dabei von Beeinträchtigungen auszugehen, die etwa 5 % der Kinder und Jugendlichen betrifft. Die Steuerung von Aufmerksamkeit ist bei ihnen so stark eingeschränkt, dass die Handlungsfähigkeit massiv an Funktionalität einbüßt (Schomaker & Ricking, 2012).

Daueraufmerksamkeit kann vielfach nicht geleistet werden, d. h. Probleme schafft insbesondere die Fokussierung, denn die Aufmerksamkeit wird bei ihnen weniger von Schlüsselreizen gesteuert, sondern laviert oft unsystematisch zwischen Umgebungsreizen (Döpfner & Kinnen, 2009). Hinzu kommen nicht zureichend entwickelte metakognitive Kompetenzen, sodass zielgerichtete Handlungsweisen nicht aufgebaut und Lösungswege weniger erkannt werden. Insbesondere die exekutiven Kontrollprozesse aus den Konzepten der Metakognitionsforschung bilden in der theoretischen Anschauung das verbindende Element zwischen Lern- und Aufmerksamkeitsstörungen. Die hohe Korrelation von ADHS mit Lesestörungen, Dyskalkulie und schulischen Leistungsdefiziten ist relativ gut untersucht und als empirisch gesichert zu betrachten (Schuster, 2017; Miranda et al., 2011). Zu den Basismerkmalen einer ADHS gehören motorische Überaktivität, die in deutlich erhöhtem grobmotorischem Verhalten Ausdruck findet, Impulsivität, die mit wenig Planungsfähigkeit und vorschnellem Handeln ohne Problemanalyse verbunden ist, und Unaufmerksamkeit, wenn die Kinder nicht länger gleichbleibende Stimulation tolerieren und visuelle, auditive, phantasiebezogene, somatische Reize leicht ablenken (Lauth & Schlottke, 2009).

In der Folge ergeben sich soziale Konflikte und Lernstörungen. Es wird deutlich, dass Kinder und Jugendliche mit Beeinträchtigungen der Aufmerksamkeit ungünstige Verhaltensvoraussetzungen für die Aufgaben aufweisen, die im Unterricht üblicherweise verlangt werden (z. B. aufpassen, konzentrieren, lange ruhig sitzenbleiben, aufzeigen, bevor etwas gesagt wird, vertieft mit Aufgaben auseinandersetzen). Trifft diese komplexe Symptomatik auf schulische Anforderungen, bleiben Lern- und Verhaltensprobleme meist nicht aus (Gawrilow, 2012). Wenn dem Lerngegenstand keine gebündelte Aufmerksamkeit zukommt, ist effektives Lernen nicht in der geforderten Weise möglich, die aktive Lernzeit ist gering und die vorgegebenen Lernziele werden nicht erreicht. Besonders groß ist der Unterschied zwischen anforderungsgemäßem (on-task-behavior) und nicht-anforderungsgemäßem Unterrichtsverhalten (off-task-behavior) zwischen Schülerinnen bzw. Schülern mit Aufmerksamkeitsstörungen und nicht selegierten Kontrollgruppen (Lauth & Mackowiak, 2004). Es kommt besonders durch Störungen der Informationsverarbeitung oftmals zu einem dysfunktionalen Arbeitsverhalten. Das zeigt sich u. a. daran, dass das Arbeitsmaterial nicht vollständig oder nicht vorhanden ist und die Heftführung als chaotisch bezeichnet werden kann. Schließlich bleibt die gezeigte Lernleistung der Betroffenen weit unter ihren Potenzialen (Underachievement), sie zeigen Leistungsprobleme in verschiedenen Fächern und geraten in Teufelskreise des Versagens und Meidens (Petermann, 2013). Es gelingt ihnen nicht, das schulische Bildungsangebot für sich nutzbar zu machen, und sie spüren selbst, dass sie trotz des erheblichen zeitlichen und energetischen Einsatzes kaum vom Unterricht profitieren. In der Folge sind viele Schülerinnen und Schüler mit Beeinträchtigungen der Aufmerksamkeit in den Gruppen derer zu finden, die der Schule negativ gegenüberstehen, ungern zum Unterricht gehen und zu einem unregelmäßigen Schulbesuch neigen.

4 Feldtheoretische Rahmung

Um ein angemessenes Gegenstandsverständnis in Bezug auf das Schulbesuchsverhalten von Kindern und Jugendlichen zu entwickeln und in der Folge interpretierbar, erklärbar und verstehbar zu machen, ist es aus wissenschaftlicher Perspektive geboten, das Problem der Schulversäumnisse in einem theoretischen Kontext auszuleuchten. Erst in einem Erklärungsansatz werden z.B. Motive und Wechselwirkungen in Handlungsweisen sichtbar. Dabei hängen die Resultate der Interpretation auch davon ab, welche Theorie herangezogen wird. So bezieht sich das biomedizinische Modell auf genetische und organische Ursachen spezifischer Störungen (z.B. Depression, Trennungsangst) und das sozialwissenschaftliche Modell versteht die Verhaltensproblematik u.a. als Ergebnis sozialer Bewertung und Stigmatisierung. Während es verhaltenstheoretisch um nicht vollzogene oder fehlgeleitete Lernprozesse geht, z.B. beim Schulschwänzen die soziale Verstärkung durch Peers (Neukäter & Ricking, 1999), begreift der systemische Ansatz das Kind als Symptomträger gestörter sozialer Verhältnisse (Myschker & Stein, 2018). Schließlich nutzen soziologisch-kriminologische Ansätze vornehmlich Theorien zur Erklärung von abweichendem Verhalten wie beispielsweise die Anomietheorie. Diese geht davon aus, dass abweichendes Verhalten dann gute Bedingungen findet, wenn im Lebensumfeld nur schwach ausgebildete oder fehlende normative Strukturen, Regeln und Ordnung vorzufinden sind (Wagner et al., 2004).

Wie bereits deutlich geworden ist, bedarf es einer Analyse der individuellen Dispositionen wie auch des Lebensraums, um Hintergründe, Motive oder Ursachen für Schulabsentismus im Einzelfall herauszuarbeiten. Die Feldtheorie nach Lewin erweist sich als passender Erklärungsansatz, da sie eine ganzheitliche Perspektive auf die Bedingungen des Verhaltens in unterschiedlichen Settings richtet und das Zusammenwirken »von Wahrnehmung, Erleben und Verhalten« innerhalb eines dynamischen Kraftfeldes zu Grunde legt (Schulze, 2009, 142).

Die Feldtheorie bietet ein Konzept zur Verhaltenserklärung, das u. a. in der Pädagogik zu neuen Perspektiven auf das Kind in seiner Umwelt geführt hat und sowohl systemische wie auch individuelle Aspekte impliziert. Das Individuum in seiner Umwelt bildet den Lebensraum und damit den Ort des Handelns und des subjektiven Erlebens (Lewin, 1963). Im Lebensraum (life space) steuern vielfältige Einflussfaktoren in Form von Sinn- und Bedeutungsqualitäten das jeweilige Verhalten und sind entsprechend zur Verhaltens- und Motivationsklärung nutzbar. Verhalten ist in diesem Ansatz eine Funktion des gegenwärtigen Feldes: Verhalten = f (P,U). Der Begriff des Feldes umfasst die Gesamtheit der Wirkungen in Raum und Zeit, sodass je nach subjektiver Bedeutung (Valenz) sich Menschen von bestimmten Regionen (Wirkungsräume) ihres Lebensraumes angezogen, von anderen eher abgestoßen fühlen (Stützle-Hebel & Antons, 2017; Lück, 2001; Schulze, 2002). Ist die Summe der Kräfte in einem Wirkungsraum positiv, besitzt die Region positive Valenz und die agierende Person fühlt sich ihr zugewandt, hat Interesse und hält Bedürfnisse ihr gegenüber vor. Der Lebensraum inkludiert damit auch Bereiche wie individuelle Bedürfnisse oder subjektive Ziele, die auf individueller Wahrnehmung und Bewertung basieren und Handlungsrelevanz beanspruchen können (Schulze, 2009).

> »Letztlich entscheidet das aktuelle Zusammenwirken der zahlreichen antreibenden und hemmenden Kräfte in diesem Lebensraum darüber, wie sich jemand in der konkreten Situation verhält. Unsere aktuelle Bedürfnislage und wie wir die Wirklichkeit wahrnehmen bestimmen also ganz wesentlich, wie wir uns in ihr verhalten. Mit einem solchen Ansatz ist Lewin ein Vorläufer der konstruktivistischen und systemischen Denkweise« (Stützle-Hebel & Antons, 2017, 16).

Folgende Wirkungsräume sind für diese Thematik von Relevanz:

Der familiäre Wirkungsraum als Primärmilieu, in dem die Erziehung und Sozialisation der ersten Jahre stattfindet, der schulische Wirkungsraum, in dem Bildungsziele realisiert werden sollen, der

4 Feldtheoretische Rahmung

Wirkungsraum der Bezugsgruppe, also der Gleichaltrigen, Mitschülerinnen/Mitschüler sowie Freundinnen und Freunde, die häufig den sozialen Rahmen des konkreten Verhaltens bilden, und schließlich der alternative Wirkungsraum, in dem sich der Schüler bzw. die Schülerin beispielsweise dann aufhält, wenn er oder sie sich am Vormittag nicht in der Schule befindet. Der Schüler oder die Schülerin mit seiner bzw. ihrer physischen und psychischen Ausstattung steht als Handelnder oder Handelnde inmitten der vier Wirkungsräume und agiert in Abhängigkeit von der subjektiven Valenz, die ebenso von situativen Bedingungen wie auch auf der Makroebene von gesellschaftlichen Normvorgaben beeinflusst wird. Die Dynamik im Feld wird durch die Faktoren Bindung vs. Isolation sowie attraktiv vs. aversiv gesteuert. Neben den einzelnen Wirkungsräumen sind die gesellschaftlichen und situativen Bedingungen als Einflussgrößen zu berücksichtigen. Vor diesem Hintergrund werden die Wirkungsräume in ihrer Dynamik betrachtet. Die Bewegung in Richtung eines Ziels, dessen Erreichung eine Bedürfnisbefriedigung nach sich zieht, wird als Lokomotion bezeichnet (Lewin, 1963), wobei Barrieren dieses Erreichen eines mit einer hohen Valenz besetzten Ziels verhindern können (Lück, 2001). Diese Barrieren können physikalische oder psychische Eigenschaften aufweisen, wie es etwa bei Verboten oder gesellschaftlichen Normen der Fall ist. Ein Individuum versucht in manchen Fällen, sich der Barriere zu widersetzen oder diese zu umgehen. »Schulschwänzen ist in Lewins Sicht ein Schülerverhalten, dem nicht überwundene Lernbarrieren (Widerstände gegen Problemlösung) sowie Misserfolg und Frustration vorausgehen und das mit ›Aus-dem-Felde-gehen‹ umschrieben wird« (Ricking & Neukäter, 1998, 22). Bei unterschiedlichen Valenzen, die auf eine Person einwirken, kann es zu Konflikten kommen, die sich auch bei Lernenden beobachten lassen, die Fehlzeiten aufweisen und die Schule meiden. Der Appetenz-Appetenz-Konflikt wird durch zwei etwa gleichstark wirksame positive Valenzen hervorgerufen, was in Bezug auf einen regelmäßigen Schulbesuch gute Voraussetzungen bildet. Wirken zwei negative Valenzen gleichstark auf das Individuum ein, so liegt der Aversions-Aversions-Konflikt vor. Mehrere ungünstige Kräfte wie beispielsweise das drohende Versagen in einer Leistungsüberprüfung und ein Konflikt mit einem Mitschüler, der Ängste auslöst, stärken die Neigung, die Situation zu meiden. Bei dem Appetenz-Aversions-Konflikt wird das Individuum sowohl mit einer positiven als auch mit einer negativen Valenz konfrontiert, welche von demselben Ziel ausgehen (Lück, 2001). Wenn ein Schüler seine Lieblingslehrerin in der folgenden Stunde sieht, kann dies Annäherungsmotivation auslösen, wohingegen das in derselben Stunde anstehende Referat Vermeidungsmotivation bedingen kann. Auf den Lebensraum sind somit stets auch Motive und Motivationen bezogen, die auf Valenzen antworten und, je nach Richtung und Stärke, unterschiedliche Verhaltensweisen hervorrufen (Stützle-Hebel & Antons, 2017). So wird in diesem Ansatz auch deutlich, dass es keinen Verhaltensautomatismus gibt, sondern die subjektive Bewertung des Kraftfeldes den Ausschlag für das eine oder andere Verhalten gibt.

5 Schulische Prävention von Schulabsentismus

5.1 Grundlegende Aspekte

Die Schule sollte als staatliche Einrichtung, die Erziehung und Bildung zu ihren ersten Aufgaben zählt, dem Kind und seinen (Lern-)Bedürfnissen verpflichtet sein – also die für bildungsrelevant befundenen Themen, Erkenntnisse und Kompetenzen so im Unterricht und Schulleben aufarbeiten, dass alle Schülerinnen und Schüler in humaner und wirkungsvoller Weise an den Lernprozessen teilhaben. In diesem Kontext können erzieherische Wirkungen entstehen, die es dem bzw. der Heranwachsenden ermöglichen, die eigene Persönlichkeit zu entwickeln und auch zentrale gesellschaftliche Wert- und Normsetzungen zu internalisieren, die ein als positiv erlebtes soziales Leben erleichtern (Meyer, 2003). Die Relevanz des subjektiven emotionalen Erlebens von Schule durch Schülerinnen und Schüler ist in diesem Kontext kaum zu überschätzen.

> »Schulisches Wohlbefinden lässt sich beschreiben als die Bilanz des Erlebens positiv konnotierter Kognitionen und Emotionen in Bezug auf die Wahrnehmung von Selbstbestimmtheit und sozialer Eingebundenheit sowie der je individuellen Freiheit von negativen Emotionen und Kognitionen, zum Beispiel von Ängsten und Konflikten im schulischen Kontext oder der Abwesenheit psychosomatischer Beschwerden« (Goldan, Kullmann, Zentarra, Geist & Lütje-Klose, 2021, 641).

Schülerinnen und Schüler, die sich in der Schule akzeptiert fühlen, in ihre sozialen Prozesse eingebunden sind und durch ihr Handeln Bestätigung erfahren, gehen zumeist gerne zur Schule und haben kaum Gründe, in Muster von Meidung zu fliehen. Schulen sollten gegebene pädagogische Freiräume deutlich nutzen, ihren pädagogischen Anspruch bezüglich der Anwesenheit und Partizipation von Schülerinnen und Schülern definieren und diesen offenlegen (Hillenbrand & Ricking 2011; Hallam & Rogers, 2008; Stamm 2007). Im Zentrum stehen die folgend aufgeführten Aspekte:

- Haltung und Gegenstandsverständnis: Die Haltung(en) in einer Schule gegenüber Schulversäumnissen sind dafür entscheidend, ob Fehlzeiten überhaupt als pädagogisches Problem wahrgenommen werden.
- Kenntnisstand ausbauen: Der fachliche Kenntnisstand zum Schulabsentismus (z.B. über Risikofaktoren, diagnostische Optionen, schulnahe Prävention und Intervention) im Kollegium sollte hoch ausgeprägt sein. Eine Person aus dem Kollegium kann als Experte/Expertin, Ansprechpartnerin bzw. Ansprechpartner und Multiplikator oder Multiplikatorin dienen. Daneben ist das Thema in Aus- und Fortbildungen zu verankern.
- Gestaltung der Lehrer-Schüler-Beziehung: Die Bedeutung der Lehrer-Schüler-Beziehung im Umgang mit Schülern, die von schulischer Desintegration bedroht sind, ist ausgesprochen hoch – positive pädagogische Bindungen können als Schutzfaktor fungieren.
- Warnsignale beachten: Die am Verhalten erkennbare Distanzierung eines Schülers/einer Schülerin vom Unterricht und der Schule ist oft früh in einer inneren Abwehrhaltung gegenüber schulischem Handeln erkennbar und sollte als Warnsignal erkannt werden.
- Hochwertiger Unterricht und kompetente Klassenführung: Eine hohe Qualität des Unterrichts und der Klassenführung sind die Voraussetzung für Lernzufriedenheit und -erfolg und wirken schulischen Desintegrationsprozessen entgegen.
- Sicherheit gewährleisten: Schülerinnen und Schüler haben einen Anspruch darauf, sich in der Schule sicher und akzeptiert zu fühlen. Das Erkennen und Unterbinden von Gewalt und Mobbing verdient daher auch zur Prävention von Schulabsentismus besondere Aufmerksamkeit.

♦ Betroffene beraten: Schülerinnen und Schüler mit unregelmäßigem Schulbesuch wie auch deren Eltern zeigen oft einen erheblichen Beratungsbedarf. Sie benötigen Informationen und Unterstützung zur Lösung ihrer Probleme, um Verhaltensalternativen (zu Flucht- oder Meidungshandlungen) zu entwickeln.

Weitere Optionen präventiver Schulgestaltung werden im Folgenden vorgestellt (für zusätzliche Anregungen: Albers & Ricking, 2019; Kearney, 2016; Ricking, 2014; Ricking & Dunkake, 2017; Ricking & Hagen, 2016).

5.2 Gestaltung der schulischen Umwelt

In der aktuellen Diskussion um die künftige Ausrichtung und Weiterentwicklung von Schulen spielt die Schulkultur stets eine bedeutsame Rolle. Schulkultur bildet sich auch in Bezug auf die normativen, physikalischen und zeitlichen Bedingungen als einmalige Mischung von Eigenschaften wie z. B. der räumlichen Funktionalität, der Rhythmisierung oder der Schulordnung ab. Alle Akteure des schulischen Alltags nehmen diese Qualitäten individuell wahr und bewerten sie oftmals vor einem schulklimatischen Hintergrund als angenehm oder unangenehm.

Wenn Pädagogik als gemeinsame und zielorientierte Daseinsgestaltung zwischen Erzieher/Erzieherin und Kind verstanden wird, bedarf es stets eines Gestaltungsraumes. Das ist der pädagogische Rahmen, in dem sich das bedürftige Kind zum handlungsfähigen Menschen entwickeln kann. Im schulischen Kontext war und ist diese pädagogische Umwelt einer fortschreitenden Standardisierung unterworfen, was in zeitlichen (Abfolge des Schulalltags), räumlichen (Klassen- und Fachräume) und in fachlichen Modi (Curriculum, Fächerkanon) nachhaltig Ausprägung findet. Das Künstliche, das in der Folge den schulischen Räumlichkeiten eigen ist, findet mitunter

Ausgleich im Zurückholen der Natur durch Ausflüge, Waldklassen oder Schulgärten. Daneben sind es Sport und musische Fächer, die als Gegenpol zur institutionellen Enge des Erziehungsraumes, gegen die Dominanz kognitiver Versprachlichung und die Bewegungsarmut in den schulischen Alltag integriert werden. Unter dem Leitmotiv der Öffnung von Schule ergänzen beispielsweise Praktika in unterschiedlicher Form das allgegenwärtige Format des Unterrichts im Klassenraum.

Eine pädagogisch gestaltete Raumumwelt kann guten Unterricht und pädagogisch kompetente Lehrerinnen und Lehrer nicht ersetzen, sondern ergänzen. In der Vorschul-Pädagogik ist in diesem Zusammenhang vom »*Raum als dritten Erzieher*« (neben den Mitschülerinnen und Mitschülern und den Erwachsenen) die Rede. Es wird dabei in der Reflexion immer deutlicher, dass der pädagogische Ort einen eigenen und bedeutsamen Einfluss auf Lernprozesse ausübt, da er psychosoziale Wirkungen auslöst. Im positiven Fall stellen sich angenehme Emotionen und konstruktive Gedanken ein, die den Lernprozess erleichtern und erheblich mitverantwortlich sind für das Gelingen von Entwicklungsaufgaben sowie von Lernerfolg. So kann die bauliche Verfassung eines Schulhauses wie auch die Gestaltung des Umfeldes eine Botschaft des Willkommenseins und der eigenen Wirksamkeit für Schülerinnen und Schüler symbolisieren (Batmaz, 2008).

Bedeutsam ist im Rahmen schulischer Weiterentwicklung, die Partizipation der Schülerinnen und Schüler, ihr Mitwirken im Alltag und das feinfühlige Reagieren auf ihre Bedürfnisse – auch hinsichtlich der Raumgestaltung – nachhaltig zu berücksichtigen. Dabei ist ebenso an Kinder und Jugendliche zu denken, die in schwierigen und riskanten Milieus aufwachsen. Für sie ist es besonders wichtig, Orte des Alltagshandelns vorzuhalten, die Versorgung, Schutz, Sicherheit und auch Lernmöglichkeiten bieten. Insbesondere die Tagesstruktur einer Ganztagsschule erfordert Räume für unterschiedliche Tätigkeiten und Beschäftigungen: z. B. Freizeit- und Hausaufgabenräume, Spielflächen, Orte der Entspannung und des Rückzugs, Räume für Arbeits- und Neigungsgruppen. Eine bewusste und pädagogisch geprägte Raumgestaltung macht somit einen beträchtlichen Teil einer guten

Schule aus und kann für Schülerinnen und Schüler ein wesentliches Mosaik im Bild sein, das dafür sorgt, dass sie sich gerne dort aufhalten (Ricking, 2014).

Neben den räumlichen Bedingungen schaffen Zeitstrukturen bedeutsame Rahmungen für den pädagogischen Alltag. Diese Rhythmisierung gibt den Takt einer Einrichtung vor, bietet vielfältige Handlungsvorgaben und koordiniert die Abläufe des Tages. Sie bestimmt die Lehr-Lern-Prozesse in der Schule wesentlich mit und ist auch ein elementarer Bedingungsfaktor von Unterricht. Jede Schule arbeitet nach einem Rhythmus, wobei nicht davon auszugehen ist, dass es zeitstrukturelle Patentrezepte gibt, die auf alle Bildungseinrichtungen übertragbar sind. Plausibler sind schulscharfe Lösungen, die mit Blick auf die Lage, auf die Entwicklungsziele und auf die Bedürfnisse der Lernenden für eine Einrichtung gefunden werden. Bei der Gestaltung der Zeitstrukturen ist das Ziel anzustreben, die bestmögliche Lern- und Entwicklungsförderung für Schülerinnen und Schüler zu ermöglichen sowie bestmögliche Arbeitsbedingungen für schulische Mitarbeitende zu schaffen. In der Konsequenz sollten Anspannung und Entspannung sowie kognitive, soziale, emotionale, körperliche Anforderungen in einem ausgewogenen Verhältnis stehen.

Derzeitige Tendenzen in der zeitlichen Schulgestaltung präferieren mitunter eine Blockbildung, sodass zwei bis drei Unterrichtsblöcke à 90 Minuten pro Tag von einem Lehrerteam in einem Raum umgesetzt werden (statt häufiger Fach-, Raum- und Lehrerwechsel). Voraussetzung ist eine angemessene Teambildung, bei der Lehrerteams die Umsetzung der fachlichen Schwerpunkte für eine Klasse selbst planen und relativ autonome Lerneinheiten realisieren. Tägliche gemeinsame Eingangsphasen beim Klassenteam bilden einen positiven Start in den Schultag. Vor diesem Hintergrund ist auch eine stärkere interdisziplinäre Kooperation (z. B. Lehrerin + Erzieherin) im Unterricht gefordert. Ein Trend, der damit einhergeht, ist fächerübergreifender Unterricht, der mittels Fächerverbindung, Epochalisierung und dem Einsatz von Wochen- und Jahresplänen Gestalt gewinnt. Schulen können vor diesem Hintergrund das Lernen neu in Struktur bringen und die Lernorganisation durch Lernbüros, Projekte, Werkstattarbeit oder außerschulische Lernorte flexibilisieren. Haben sie die Option, den ganzen Tag zu rhythmisieren, schaffen nachmittags Arbeitsgruppen, interessenbezogene Projekte, Sport, Musik, Kunst einen Ausgleich für den Vormittag, der zumeist dem Fachunterricht gewidmet ist (Rahm, Rabenstein & Nerowski, 2015).

Um eine kindgerechte Balance zwischen Anspannung und Entspannung zu erzielen, ist nicht zuletzt ein bewusster und flexibler Umgang mit Pausen angezeigt. Beispielsweise so, dass große Pausen vorgegeben und kleine Pausen im Team selbst festgelegt werden. Das Schulleben stellt sich vor diesem Hintergrund dar als »eine Atmosphäre der personalen Nähe der Lehrenden gegenüber ganzheitlich wahrgenommenen Schülerbedürfnissen, gekennzeichnet durch Schülergemäßheit, Natürlichkeit und Angstfreiheit« (Standop, 2008).

5.3 Pädagogisches Verstehen im Kontext abweichenden Verhaltens

Erklären und Verstehen sind als methodologische Grundkategorien für ein Fach wie Pädagogik von außerordentlicher und fundamentaler Bedeutung. Sie geben eine Antwort darauf, wie Fachleute zu Erkenntnissen kommen, methodische Wege bewerten oder ihre Handlungen begründen. Während das Erklären mit naturwissenschaftlichen Zugangsweisen verbunden wird und ein Verhalten auf eine Ursache zurückzuführen beabsichtigt, basiert das Verstehen von sozialem Handeln auf der Entdeckung des darin enthaltenen Sinnzusammenhangs, was in der Hermeneutik besondere Berücksichtigung findet. Folgt man dem Ansatz des Verstehens inhaltlich, geht es darum, empathisch wie feinfühlig nachzuvollziehen und ein Bild darüber zu entwickeln, in welcher Weise der/die andere seine Lage aus seinem spezifischen Blickwinkel wahrgenommen und verarbeitet hat (Ader & Schrapper, 2020; Streit, 2016). Dieses Verstehen des/der anderen ist in pädagogischen Kontexten hochgradig bedeutsam, besonders in Bezug auf die Professionalität und Wirksamkeit des Agierens. Somit kann es als pädagogische Aufgabe betrachtet werden, den gemeinten Sinn im Handeln des Gegenübers im Rahmen des interaktionalen Austauschs zu erkunden und zu rekonstruieren. Dabei ist mentale Arbeit zu leisten, die dazu führt, dass aus dem von außen Erkennbaren auf innere Ereignisse geschlossen wird und so Ereignisse in einem aktuellen Deutungsrahmen ausgelegt werden (Bolz et al., 2019).

Dieser Zugang zum Verstehen ist weit und berücksichtigt biografische Aspekte, Sachverhalte der aktuellen Situation mit ihren Problembelastungen und Verhaltensschwierigkeiten und gegenwärtige Bedingungen und Wünsche. »Wie viel fallspezifisches Wissen ich aber brauche, hängt davon ab, ob es mir gelingt, die Verhaltensweisen des Kindes oder Jugendlichen in sich schlüssig zu denken, und nicht von einer objektiven Menge an Input« (Baumann, 2009, S. 78). Für das pädagogische Verstehen ist es somit ein Vorteil, wenn sich die Akteure einer Interaktion kennen, vertrauen und sich in einer positiv konnotierten Beziehung befinden. Dieser pädagogische Ansatz verspricht im Zusammenhang mit schulmeidenden Verhaltensmustern positive Wirkungen, da auf diese Weise die Basis dafür gelegt wird, dass sich das Kind oder der bzw. die Jugendliche verstanden fühlt und sich hinsichtlich der eigenen Gefühlslage und der Handlungsmotive öffnen kann. Die von außen beobachtbaren Verhaltensweisen – die Vermeidung des Ortes, der einen/eine eigentlich unterstützen und weiterhelfen soll – sorgt auch im nahen Umfeld einer Schülerin/eines Schülers vielfach für Unverständnis und Irritationen. Der junge Mensch, bei dem sich die Empfindung des Verstanden-seins einstellt, reagiert mit zunehmender Zuwendung und Beziehungsintensität. Lassen sich die Beweggründe aufklären, zeigen sich oft auch Lösungsoptionen.

Wird jedes menschliche Verhalten als ein subjektiv problemlösendes aufgefasst, ist auch in abweichenden, wenig funktionalen

5.3 Pädagogisches Verstehen im Kontext abweichenden Verhaltens

Verhaltensweisen ein aktiver Bewältigungsversuch oder auch ein individueller Schutzfaktor zu sehen (Wittrock, 2008). Verstehen bedeutet demnach, auf der Suche nach Sinnstrukturen v.a. die Begründung und Kontextualisierung von Handlungsweisen vorzunehmen. Negativ abweichende Verhaltensweisen sind häufig wenig erfolgreiche Anpassungsversuche für gegebene Situationen. Die Perspektive, jedem Verhalten eine Sinnhaftigkeit im Sinne eines Lösungsversuchs für situative Handlungsaufgaben zuzuschreiben, erfordert eine pädagogische Haltung, die von Akzeptanz und Toleranz geprägt ist (Weinberger & Lindner, 2011, 49).

Menschen sind in sozialen Situationen damit beschäftigt, das Verhalten von Mitmenschen nach gesellschaftlichen wie auch eigenen Werten und Normen zu interpretieren und bewerten. Wird dabei festgestellt, dass das Verhalten normabweichend ist, nicht nachvollziehbar und befremdlich wirkt, kann der Versuch unternommen werden, das Unverständige zu entschlüsseln. Verhalten trägt immer eine Botschaft in sich, die es als pädagogische Aufgabe zu klären gilt. Wie erlebt der bzw. die andere die Situation? Welche Einflüsse, z.B. Kognitionen und Emotionen, bedingen das Erleben und Verhalten? Werden Sinnzusammenhänge nicht dekodiert, bleibt das Verhalten oftmals verstörend, widersprüchlich und erzeugt leicht Ablehnung und Distanz. Gelingt es, das Verhalten mit grundlegenden Bedürfnissen, z.B. nach Anerkennung, Beziehung oder Macht in Verbindung zu bringen, ist ein Schritt zum Verstehen getan (Prengel, 2013). Die Art, wie ein Kind seine Bedürfnisse durchzusetzen trachtet, ist zwar mitunter sozial nicht akzeptiert, kann aber deutliche Hinweise auf den Kontext und Sinnzusammenhang bieten. Vor diesem Hintergrund ist die Umsetzung des verstehenden Ansatzes schon als Teil einer Intervention einzuordnen (Baumann, 2009).

Die subjektive Realität von Schülerinnen und Schülern mit Verhaltensschwierigkeiten (z.B. in Bezug auf den Schulbesuch) impliziert oft nur schwer oder gar nicht passende Lösungen situativer Verhaltensaufgaben. Daher sollte eine Intervention im Zuge einer Person-Umwelt-Diagnose, in der Passungsprobleme ausgemacht wurden, solche Gestaltungsoptionen suchen und in Kooperation mit den Beteiligten realisieren, die anschlussfähig und zielführend sind. Gefordert sind dabei Sensitivität und Flexibilität in der erzieherischen Interaktion, der bewusst reflektierte Umgang mit körperlicher und emotionaler Nähe und Distanz in der pädagogischen Beziehung wie auch eine Kommunikation der Annahme, die ggf. trotz aversiven Signalen des Gegenübers die Beziehung zu tragen vermag (Hallinan, 2008). Die Bereitschaft der Lehrkräfte bzw. schulischen Mitarbeitenden, sich auf das Verstehen-wollen einzulassen, kann als zentrale Prämisse für erfolgreiches pädagogisches Handeln qualifiziert werden und vermittelt den Bezug zur professionellen Haltung. Damit wird deutlich, dass für eine gesunde psychosoziale Entwicklung auch die Anerkennung und der Schutz vor Abwertung wie auch die Gefühle von Sicherheit und des Angenommenseins in der Schule ausschlaggebend sind (Ricking & Hagen, 2016).

6 Intervention bei Schulabsentismus

Wie deutlich geworden ist, sind die Motive und Problemlagen, die zum Schulabsentismus führen, genauso wenig zu vereinheitlichen wie die Verhaltensweisen der Schülerinnen und Schüler, damit umzugehen. Sind Fehlzeiten aufgetreten und die Schule reagiert auf die Versäumnisse mit angemessenen Maßnahmen, spricht man von Intervention. Bevor Schulen geeignete Maßnahmen einsetzen, um Anwesenheit und Teilhabe zu fördern, sollten sie sich Klarheit über die Bedingungen und Spezifika des Falles verschaffen. Einzelfallintervention richtet sich überdies nicht selten an den Absentismusformen (z. B. aversionsbedingtes Schwänzen, angstbedingte Meidung, elternbedingtes Zurückhalten) aus und beinhaltet dann spezifische Maßnahmen, z. B. im Kontext von Angst. In der Intervention ist zudem bedeutsam, dass die Schulleitung ihr pädagogisches Verständnis von Schulabsentismus zum Ausdruck bringt und entsprechende Maßnahmen unterstützt. Zunächst werden daher erzieherische Bedingungen optimiert und fördernde Maßnahmen eingesetzt, bevor zu rechtlichen Zwangsmitteln gegriffen wird. In der Planung sind fachliche Maßnahmen festzulegen, die dem Schüler/der Schülerin erlauben, sich dem Zielverhalten zu nähern. Dabei werden Risikofaktoren, Ressourcen und Verhaltensmotive in Beziehung zu Ansatzpunkten und Methoden der Intervention gesetzt.

Im Folgenden werden ausgewählte pädagogische Handlungsmöglichkeiten im interventiven Bereich ausgeführt, die geeignet sind, das Schulbesuchsverhalten zu beeinflussen (weitere Hinweise unter Ricking, 2014; Sutphen, Ford & Flaherty, 2010; Ricking & Albers, 2019; Kearney, 2016; Ricking & Dunkake, 2017, Hallam & Rogers, 2008; Ricking & Hagen, 2016). Zunächst sollen die üblichen rechtlichen Sanktionen auf Schulversäumnisse erörtert werden.

6.1 Bestrafung von Schulversäumnissen?

Illegitime Schulversäumnisse bedeuten rechtlich Schulpflichtverletzungen, die den geltenden gesetzlichen Vorgaben zufolge zu bestrafen sind. Schulischer Absentismus wird so vielfach als primär schulrechtliches Problem behandelt. Die punitive Grundstruktur der Reaktion auf die Schulpflichtverletzungen hierzulande kann als Fortsetzung der relativ rigiden Formate der Auslegung der Schulpflicht interpretiert werden. Zur Durchsetzung der Schulpflicht stehen den Schulverwaltungsbehörden ordnungsrechtliche Instrumente zur Verfügung (Bußgelder, Zwangszuführungen durch die Polizei sowie Arreststrafen), die allerorts, jedoch in unterschiedlicher Ausprägung, umgesetzt werden. Die Leitvorstellungen hinter den genannten Verfahren sind über den Begriff Punitivität abbildbar. Punitivität kommt dann zum Ausdruck, wenn auf normativ abweichendes Verhalten bevorzugt mit strafenden Sanktionen reagiert wird (Lautmann & Klinke, 2004). Garland (2008, 1) versteht darunter die »Bevorzugung vergeltender Sanktionen und die Vernachlässigung versöhnender Maßnahmen«. Punitivität kann sich auf rechtlicher, institutioneller oder individueller Ebene äußern und ist als Dimension der Strafkultur nur im Zusammenhang mit Normalitätserwartungen und der Bedeutung von Strafe und Bestrafung in einer Gesellschaft zu verstehen (Herz, 2010; Sack, 2013; Garland, 2008; Green, 2009).

Ein Beispiel:

> »In dem vom Europäischen Gerichtshof für Menschenrechte am 10. Januar 2019 in Straßburg entschiedenen Fall Wunderlich gegen Deutschland[1] wird eine Szene geschildert, die zu denken geben muss. Die Eltern von vier minderjährigen Schulkindern sind Gegner des staatlichen Schulsystems. Sie haben den Wunsch, ihre Kinder zuhause selbst zu beschulen. Die hartnäckige

---

1 ECHR Fifth Section, Case of Wunderlich v. Germany, Application no. 18925/15, Judgment Strasbourg, 10.01.2019, Final 24/06/2019. hudoc.echr.coe.int/eng?i=001-188994 (17.01.20).

Weigerung der Eltern, die Kinder zur Schule anzumelden, führte zu einem jahrelang andauernden Konflikt mit dem staatlichen Schulamt, der schließlich gerichtlich ausgetragen wurde. Im August 2013 kam es zu dramatischen Szenen, als das Schulamt im Zusammenwirken mit dem Jugendamt eine Herausnahme der Kinder aus dem elterlichen Haushalt mit anschließender Fremdunterbringung vollzieht, um den Schulbesuch sicher zu stellen. Die Kinder, die sich der Anweisung des Gerichtsvollziehers widersetzten, das elterliche Haus zu verlassen, wurden von Polizisten einzeln aus dem Haus herausgetragen. Der Europäische Gerichtshof für Menschenrechte (EGMR) hat die Klage der Eheleute Wunderlich gegen die Bundesrepublik Deutschland auf der Grundlage von Art. 8 der Konvention zum Schutz der Menschenrechte und Grundfreiheiten (EMRK) – Recht auf Achtung des Privat- und Familienlebens – zwar zugelassen, in der Begründung jedoch eine Verletzung von Art. 8 der Konvention im Ergebnis verneint. Bleibt zu erwähnen, dass zwei der vier betroffenen Kinder zum Zeitpunkt der Straßburger Entscheidung bereits volljährig waren« (Ricking & Rothenburg, 2020, 112).

Vor diesem Hintergrund lässt sich Punitivität auch innerhalb pädagogischer Kontexte kritisch betrachten und gewinnt dann besonders an Gewicht, wenn die Sicht auf Verhaltensstörungen bei Kindern und Jugendlichen fokussiert wird (Herz, 2010; Heinz, 2012). Auch im Bildungswesen sind Denkmuster angelegt, die – oft historisch überformt – die Tendenz nähren, Ereignisse in ihren Handlungsfeldern zu personalisieren. So wird der Grund für schulischen Erfolg wie auch Misserfolg beständig in dem bzw. der Lernenden verortet, entsprechend Verantwortung zugeschrieben und per Zeugnis amtlich. Die Gefahr, damit einseitig das Individuum zu fokussieren und die komplexen Entwicklungsprozesse zu ignorieren, die zu Lernergebnissen führen, wird regelmäßig ausgeblendet. So sind allein individuumsbezogene Theorieansätze im wissenschaftlichen Diskurs zur Erklärung von abweichendem Verhalten bei Kindern und Jugendlichen nicht zureichend (Stein & Müller, 2018).

Auch pragmatisch betrachtet ist der Optimismus, Kinder, Jugendliche oder deren Eltern durch Bußgelder, Zwangszuführungen oder Arreststrafen dazu zu bringen, zukünftigen Absentismus zu verhindern, nicht groß (Ricking & Hagen, 2016). »Die nach der Logik des Verfahrens bestehende Erwartung, dass durch die Vollstreckung von Jugendarrest ein Schulbesuch des Arrestanten bzw. der Arrestantin wiederhergestellt werden kann, dürfte in den meisten Fällen zumindest höchst fraglich sein« (Ernst & Höynck, 2018, 319). Rechtliche Sanktionen tangieren wichtige Wirkfaktoren nicht, sind häufig nur kurzfristig verhaltenswirksam und es mangelt ihnen an einer schulpädagogischen Komponente, die Schülerinnen und Schüler wieder an die Schule heranführt. Die Möglichkeit, im Verwaltungsverfahren über punitive Maßnahmen die Verpflichteten zurückzugewinnen, sind somit sehr begrenzt und vielfach pädagogisch ungeeignet.

6.2 Handlungsketten der Intervention

Jede Schule ist auf ein allgemein gültiges Interventionskonzept angewiesen, das schulweit umgesetzt wird, wenn Fehlzeiten auftreten. Es trägt zur Fallklärung und zu einer abgestimmten Umsetzung von angemessenen Interventionen bei, um eine baldige Reintegration des Schülers/der Schülerin zu ermöglichen. Das Konzept schlägt daneben Regelungen zum Umgang mit Fehlzeiten vor, es strukturiert den Handlungsprozess und sollte als allgemeine Strategie umgesetzt werden. Hier werden zentrale Bestandteile skizziert (Ricking & Albers, 2019):

(1) *Anwesenheitskontrolle und Registratur:* Um mit Fehlzeiten pädagogisch angemessen umgehen zu können, sind regelmäßige Anwesenheitskontrollen in allen Lerngruppen unabdingbar. Nicht registrierte Abwesenheit zieht keine schulische Reaktion nach sich und wird nicht selten von Schülerseite als Bestärkung erlebt, problemlos fehlen zu können. Die Registratur sollte digital erfolgen und basiert auf einer allgemeinen, schulweiten Entschuldigungsregelung mit den Erziehungsberechtigten (▶ Kap. 5). Schulen tun gut daran, einer unerlaubten Fehlzeit noch am gleichen Vormittag eine Reaktion folgen zu lassen. Dabei ist eine zeitnahe telefonische oder schriftliche

Information an die Erziehungsberechtigten oder den Schüler bzw. die Schülerin geboten und eine Stellungnahme von ihnen einzufordern.

(2) *Fallklärung:* In der fachgerechten Förderung von Schülerinnen und Schülern mit häufigen Fehlzeiten können sehr unterschiedliche Interventionsmaßnahmen in Betracht kommen: In einem Fall erscheint es ratsam, den Austausch mit den Eltern und die Beaufsichtigung des Schülers bzw. der Schülerin zu intensivieren, in einem zweiten den Unterricht stärker zu differenzieren, um auf diesem Wege mehr Zufriedenheit und Erfolgserleben beim Schüler/bei der Schülerin zu erreichen. In einem dritten kann eine emotionale Störung eine psychotherapeutische Behandlung notwendig machen. Die Beispiele unterstreichen die Vielfalt der problematischen Verhaltensmuster, wie auch die Relevanz der Fallklärung vor der Intervention. Eine baldige Reintegration des Schülers/der Schülerin ist anzustreben. Dazu sind gezielte Beobachtungen auszuwerten und Gespräche zu führen. Gespräche in diesem Kontext haben im Wesentlichen die Funktion, eine Fallklärung zu befördern, Risiken zu identifizieren und Handlungsmöglichkeiten auszuloten. Es geht somit darum, die Bedingungsfaktoren für die Abwesenheit zu eruieren, die Einstellungen der Beteiligten zum Schulbesuch zu ermitteln und auch die Situation der Schülerin/des Schülers in der Klasse aufzuarbeiten, z. B. die Beziehungen zu Mitschülerinnen und Mitschülern und Lehrkräften zu klären. Erste Vermutungen zu den Ursachen des problematischen Schulbesuchsverhaltens liegen bei den Lehrkräften oft bereits vor.

(3) *Schulische Maßnahmen planen und umsetzen:* In Abhängigkeit von der Falleinschätzung sind fachliche Maßnahmen festzulegen, die dem Schüler/der Schülerin erlauben, sich dem Zielverhalten zu nähern. Im Feld der Zielbestimmung ist Angemessenheit gefragt. Manchmal ist es realistisch, dass der Schulbesuch entsprechend dem Stundenplan umgesetzt werden soll. Mitunter ist es besser, eine vorübergehende Kurzbeschulung in Betracht zu ziehen und das Ausmaß der Beschulung sukzessive zu steigern (Ricking, 2014). Wenn möglich, sollte gemeinsam mit Kind und Eltern geplant werden. Im Prozess werden Risikofaktoren, Ressourcen und Verhaltensmotive in Bezie-

hung zu Ansatzpunkten und Methoden der Intervention gesetzt. Optional ist die Kombination von Maßnahmen auf unterschiedlichen Ebenen (multimodale Intervention) zur Erhöhung der Wirksamkeit. Dabei sollten schulische Beratungsoptionen ausgeschöpft und ggf. die Schulsozialarbeit eingebunden werden (Speck & Olk, 2012). Im Repertoire hilfreicher Maßnahmen, die die Anwesenheit und Mitarbeit positiv verstärken, sind auch einschlägige Förderprogramme zu finden, wie z. B. »Freunde« bei angstbedingtem Meidungsverhalten (Barrett, Webster & Turner, 2003) oder »Check & Connect« im Falle von Schulschwänzen und Dropout (Lehr, Sinclair & Christenson, 2004).

> **Beispiele für zielführende Maßnahmen (Ricking, 2014; Sutphen, Ford & Flaherty, 2010; Kearney, 2016)**
>
> - Rückkehr gestalten: Die Rückkehr in die Schule durch förderliche Bedingungen unterstützen und stabilisieren, die Angst vor der Rückkehrsituation abmildern.
> - Schülerpartizipation intensivieren: Stärkung der aktiven Beteiligung der Schülerinnen und Schüler am Schulleben.
> - Gewaltkonzept umsetzen: Verringerung schulischer Gewalt (z. B. Mobbing), Förderung der Sozialkompetenzen.
> - Angstbedingte Problemlagen: Angstquellen ausschalten, feinfühlige Reaktion, erfolgreiche Bewältigung des Angsterlebens unterstützen.
> - Schüler-Lehrer-Beziehung verbessern: Regelmäßige Präsenz und Gespräche intensivieren die Beziehung und signalisieren dem Schüler/der Schülerin, dass auch in schwierigen Zeiten in der Schule jemand für ihn/sie da ist.
> - Feedback geben: Systematisches Feedback sollte prozessbegleitend stattfinden und ist ein wirksames Mittel, um Schülerverhalten zu steuern.
> - Beratung anbieten: Mithilfe von Beratung können wichtige Informationen vermittelt und herausfordernde Situationen wie

das Fernbleiben vom Unterricht anders interpretiert und neue Optionen für das eigene Verhalten erkannt werden.
- Emotional-soziale Kompetenzen trainieren: Steigerung der sozialen Fähigkeiten, Selbst- und Fremdwahrnehmung, Empathiefähigkeit, Emotionsregulation, Konfliktbewältigung.
- Buddy-Konzepte nutzen: Eine Schülerin/ein Schüler mit Anwesenheitsproblemen bekommt einen Mitschüler/eine Mitschülerin zur Seite gestellt, der/die als »Buddy« die Anwesenheit unterstützt und verstärkt.
- Positives Verhalten verstärken: Anwesenheit, Mitarbeit und angemessene schulische Aktivitäten werden gezielt wahrgenommen und systematisch verstärkt.
- Verhaltensverträge (pädagogische Verträge) schließen: Es sind schriftliche Verträge, die zwischen Schülerin/Schüler und Pädagoge/Pädagogin geschlossen werden, in denen die Ausführung des Zielverhaltens sowie Verhaltenskonsequenzen geregelt sind.
- Psychoedukation anwenden: Die betroffenen Personen werden altersgerecht und angemessen über die Problemlage (z. B. Schulabsentismus, Drogenkonsum, Angst) und Bewältigungsmöglichkeiten informiert.
- Problemlösungsstrategien erarbeiten: Eingeübt werden Handlungsschritte, die das Vorgehen bei Problemen/Konflikten strukturieren und Alternativen ermöglichen.
- Selbstregulation fördern: Problembewusstsein herstellen, das eigene Verhalten (aus Sicht des Schülers/der Schüerin) besser unter Kontrolle bringen und steuern. Problematische Verhaltensweisen werden nach dem Prinzip der Selbststeuerung verändert und angemessenes Verhalten aufgebaut.
- Check in – Check out (CICO) einsetzen: CICO zeichnet sich durch regelmäßige, über den Schultag verteilte Reflexionsphasen mit wertschätzenden Erwachsenen aus. Zu Schulbeginn und -ende sowie vor und nach jeder Unterrichtsstunde werden die jeweils vorgenommenen und erreichten Verhaltensziele gemeinsam

besprochen und im Formular dokumentiert, verknüpft mit einer Punktevergabe.
- Mentoring: Auf Basis einer positiven Beziehungsgestaltung zwischen pädagogischer Fachkraft (Mentor) und Schüler/Schülerin (Mentee) wird die Anwesenheit durch regelmäßige Treffen unterstützt und individuelle Unterstützung umgesetzt.
- Alternative Lern- und Unterrichtsformen etablieren: z.B. Projekte, Werkkonzepte oder Schülerfirmen durchführen. Durch neue Zugänge zum Lernen werden Selbstkonzept und Lernmotivation der Jugendlichen gefördert.
- Elternkooperation verbessern: Das kooperative Handeln zwischen Familie, Schule und Jugendhilfe ist ausschlaggebend für die Qualität der Unterstützung und die weitere Entwicklung.

(4) *Kooperative Planung und Umsetzung:* Wenn die Problematik weiterhin besteht und der Eindruck entstanden ist, dass die Schule Hilfe von außen benötigt, ist ein Koordinierungstreffen zwischen den Beteiligten empfehlenswert. Dabei sein sollten: der betroffene Schüler oder die Schülerin und die Eltern, die Klassenlehrkraft, ggf. Fach- oder Beratungslehrkräfte sowie eine Vertretung der Sozial- und Sonderpädagogik an der Schule und ggf. zuständige/r Mitarbeiter/in des Jugendamtes, der Schulpsychologie und ein Mitglied der Schulleitung. Im Zielfeld liegen das weitere Clearing des Falles sowie die Organisation zielführender außerschulischer Maßnahmen (z.B. Therapie, Hilfen zur Erziehung, schulische Unterstützung) und die Erarbeitung eines gemeinsamen Handlungsplanes. Die Arbeit am Einzelfall erfordert oftmals die systematische interdisziplinäre Kooperation zwischen unterschiedliche Berufsgruppen, die u.a. schulpädagogischen, sonderpädagogischen, sozialpädagogischen, psychologischen oder medizinischen Unterstützungssystemen zugeordnet werden können (Ricking & Speck, 2020). Dazu müssen sich Schulen vernetzen, im Sinne der Förderung der betroffenen Schülerinnen und Schüler weitere außerschulische Kompetenzen nutzen und entsprechend in ein funktionierendes System professioneller

Hilfen eingebunden sein. Schulleitungen und Lehrkräfte sollten bereit sein, die »fremden« Professionen systematisch (regelmäßige Treffen) und anlassbezogen (konkreter Fall) in die pädagogische und fallbezogene Arbeit einzubinden und sie nicht nur als bloße Ergänzung für einzelne Angebote, die Nachmittagsbetreuung oder die Versorgung im Not- und Krisenfall anzusehen. Gute Bedingungen dafür schaffen Schulleitungen und schulische Mitarbeitende, die die Vielfalt an vorhandenen Professionen und Potenzialen kennen wie auch Bereitschaft zeigen, die jeweils anderen Fachleute systematisch in die pädagogische und fallbezogene Arbeit einzuschließen. Im Rahmen einer intensiveren Kooperation und Vernetzung geht es darum, multiprofessionelle Beratungs- und Unterstützungskonzepte zu entwickeln, die

- das Verständnis, die Ziele und Zielgruppen der Beratung und Unterstützung für Kinder, Eltern und Lehrkräfte in der Schule klären,
- gestufte Präventions- und Interventionsmaßnahmen (je nach Schweregrad) bieten,
- Empfehlungen an die Lehrkräfte zu Indikatoren, Verfahrensabläufen und Handlungsschritten für Präventionsmaßnahmen (z.B. Sensibilität, Monitoring, Projekte in den Klassen) und Interventionsmaßnahmen (z.B. spezifische Fallsituationen: z.B. Schulangst oder Notfall- und Krisensituationen) enthalten sowie
- einen Überblick über die Zuständigkeiten, Kompetenzen, Kontaktdaten und Erreichbarkeiten der Kooperations- und Ansprechpartner/-partnerin geben (Ricking & Speck, 2020).

(5) *Rückkehrgestaltung: Wird die Bereitschaft des Schülers/der Schülerin erreicht, wieder am Unterricht teilzunehmen,* ist die bewusste Gestaltung der Rückkehr eine zielführende Aufgabe. Die Rückkehrsituation wird als stark verunsichernd erlebt und mit Befürchtungen in Verbindung gebracht – nicht wenige verlängern ihre Fehlzeiten, weil sie Angst vor der Rückkehrsituation haben, in der sie viele Mitschülerinnen und Mitschüler und Lehrkräfte erstmalig wiedersehen. *Welche Fragen,*

Kommentare oder sarkastischen Bemerkungen kommen auf mich zu? Akzeptieren mich die Mitschüler und Mitschülerinnen? Die Betroffenen müssen nach einer längeren Fehlzeit oft viel Energie aufbringen, um sich zu überwinden, die Schule zu betreten und sich wieder auf ihren Stuhl im Klassenraum zu setzen. Zu der Angst vor Bloßstellung und vor peinlichen Gefühlen gesellen sich Befürchtungen zum Unterricht: Finde ich Anschluss oder habe ich zu viel Stoff verpasst? Wird es wieder so öde und langweilig wie in der Zeit vor der »Pause«? Bekomme ich Unterstützung?

Durch eine vorausschauende pädagogische Gestaltung können negative Aspekte entkräftet werden. Grundsätzlich ist auf eine freundliche Aufnahme zu achten, unangenehme Fragen vor der Klasse oder andere aversive Stimuli sind zu vermeiden. Alles, was die Hemmschwelle in dieser labilen Übergangsphase zu Senken vermag, kann hilfreich sein. Zum Beispiel, dass der Zielschüler/die Zielschülerin am Morgen von einem Mitschüler/einer Mitschülerin abgeholt oder schon vor der Schule von der Klassenlehrkraft in Empfang genommen wird. In vorbereitenden Gesprächen kann der betroffene Schüler/die betroffene Schülerin wie auch die Klasse auf den ersten Tag eingestellt werden. Das heißt, Lehrkräfte bereiten die Klasse auf die Rückkehr der Schülerin/des Schülers vor und erarbeiten fallgerechte Empfangs- und Integrationsstrategien mit der Klasse (Ricking & Albers, 2019). Ein regelmäßiger und guter Kontakt zu den Eltern ist in dieser Phase besonders wichtig und notwendig, um die Rückführung des Schülers/der Schülerin konkret zu planen, aber auch, um zu signalisieren, dass von der Schule eine positive Erwartung ausgeht. Lehrkräfte antizipieren und üben gegebenenfalls mit dem bzw. der Rückkehrwilligen Verhaltensmöglichkeiten für die Rückkehr in die Schule. Sie lassen sich Befürchtungen und Wünsche schildern und sorgen durch fallangemessene und dosierte Übernahme von Verantwortung durch den Schüler/die Schülerin (z. B. Schulsanitätsdienst, Schulkiosk, andere Dienste oder Verantwortungsbereiche) dafür, dass der junge Mensch Sicherheit gewinnt. Flankierende Maßnahmen können daneben den Rückkehrprozess begünstigen, indem beispielsweise Vertrauens- oder Beratungslehrerinnen und

-lehrer mit (weiteren) Fachkolleginnen und -kollegen Kontakt- und Integrationsstrategien absprechen (Ricking, 2014). Ist der erste Tag gut verlaufen, bieten sich stabilisierende Maßnahmen an: den Schüler/die Schülerin häufiger kontaktieren, fest geplante Einzelgespräche führen, Beratung anbieten, Vorgehensweisen planen, um den verpassten Lernstoff nachzuholen etc.

(6) *Rechtliche Sanktionen:* Hier ist stets zu fragen, ob die rechtliche Intervention in diesem Fall sinnvoll ist (▶ Kap. 6.1). Wird diese Frage gut begründet bejaht, kann eine Ordnungswidrigkeitsanzeige nach dem Schulgesetz erfolgen.

6.3 Beratung

Unzweifelhaft hat die Praxis der Beratung in der Schule in den vergangenen Jahren einen erheblichen Bedeutungszuwachs verzeichnet. Diese Veränderungen führen zu erkennbaren Anpassungen im Professionalitätsprofil von Lehrkräften, was erstmalig bereits vom Deutschen Bildungsrat aufgegriffen wurde:

> »Seine Erziehungsaufgabe nimmt der Lehrer auch im Zusammenhang mit Beratung und besonderer Information des Lernenden wahr. [...] Beratung hat ihren Platz nicht nur im Bereich des fachbezogenen Unterrichts, sondern für Schüler und Eltern im Zusammenhang mit Bildungs- und Erziehungs-, Schullaufbahn- und Berufsberatung« (Deutscher Bildungsrat, 1970, 219).

Mit Blick auf die aktuellen Standards der Lehrerbildung in den Bildungswissenschaften der KMK (2014) ist diese Auffassung nach wie vor gültig und so wird die Beratungsaufgabe als Ausbildungsschwerpunkt im Lehramt beschrieben.

Allgemein bezeichnet der Begriff Beratung Interaktionen, bei denen Problemlösungen thematisiert werden und eine Verbesserung der Handlungskompetenz des/der Ratsuchenden stattfindet. Sie kommt im Alltag menschlichen Zusammenlebens vor, ist bedeutsam in vielen fachlichen Disziplinen und bildet eine basale pädagogische Handlungsform, die heute in vielfältigen Kontexten schulisch wie außerschulisch umgesetzt wird (Bauer, 2012; Kleber, 2006).

Beratung folgt der Leitlinie »Hilfe zur Selbsthilfe« und setzt so an den biopsychosozialen Stärken des Individuums und dessen sozialen Unterstützungssystemen an (Krause, 2003). Dahinter verbirgt sich die Annahme, dass im Person-Umfeld-System bereits viele Ressourcen zur Problemlösung vorhanden sind. Die Ressourcen sind zumeist zum aktuellen Zeitpunkt blockiert oder werden aus subjektiven Gründen nicht bzw. noch nicht genutzt. Es kann die Aufgabe der beratenden Person sein, Unterstützung zu bieten, um diese Ressourcen aufzudecken und nutzbar zu machen (Bauer, 2012). Hier schließt sich die Frage an, unter welchen Bedingungen bzw. unter Beachtung welcher Kriterien eine Beratung als professionell bezeichnet werden kann. Unabhängig von den Berufsbildern hat Schnebel (2017, 25) elementare Kennzeichen professioneller Beratung festgehalten:

- »methodisches Vorgehen,
- ein aktiver Lernprozess soll in Gang gesetzt werden,
- Symmetrie der Berater-Klient-Beziehung,
- Freiwilligkeit und Eigenverantwortlichkeit als Grundlagen für den Beratungsprozess,
- die Eigenbemühungen des Ratsuchenden werden unterstützt – Hilfe zur Selbsthilfe,
- bewusste Wahrnehmung des Problems,
- Zielrichtung der Veränderung soll sich an Kompetenzen des Ratsuchenden orientieren,
- der Berater, die Beraterin übt die Beratung als Teil bzw. Schwerpunkt ihrer beruflichen Tätigkeit aus,
- klares Aufgabenprofil der Beraterin, des Beraters,
- Beraterin, Berater verfügt über Wissen und Kompetenzen bezüglich des fachspezifischen Handlungsfelds und bezüglich des Beratungsfelds,
- klare und transparente zeitliche, räumliche und methodische Struktur.«

Professionelle Beratung zeichnet sich demnach durch eine kompetente und systematische Planung und Vorgehensweise aus, die die inhärenten Qualitätskriterien beachtet.

Beratung bildet eine Form pädagogischen Handelns, ist funktional einzubetten in Prozesse der Erziehung und Bildung und findet in der Schule notwendigerweise in vielfältigen Mustern Anwendung. Sie etabliert sich damit innerhalb der pädagogischen Praxis als eigenständiges Handlungsfeld, das insbesondere in Unterstützungs- und Hilfssituationen der Schulpraxis zum tragenden Pfeiler wird (Hechler, 2010). Somit ist Beratung ein Teilgebiet beruflichen Lehrerhandelns, das täglich praktiziert wird: im Unterricht, in Gesprächen mit den Schülerinnen und Schülern, in Elterngesprächen, sowie in der Beratung von Kolleginnen und Kollegen. Beratung kann dabei eine Brückenfunktion einnehmen und Gelingensbedingungen für einen erfolgreichen Ausgleich wie auch eine konstruktive Weiterentwicklung bieten, insbesondere, wenn differierende Positionen über einen Sachverhalt auftreten, die weit voneinander entfernt liegen. Die Beratung ist in diesem Kontext Teil erzieherischen Handelns und findet häufig bei Lern- und Leistungsproblemen, bei Verhaltensauffälligkeiten, in persönlichen Krisen, bei der Berufsorientierung, aber auch in der Medienerziehung statt (Hertel & Schmitz, 2010; Stein, 2012). In diesem Zusammenhang sind auch die Problemlagen zu betrachten, die für die Initiierung und Aufrechterhaltung von schulmeidenden Verhaltensmustern verantwortlich sind. So können Themen wie Angst, Leistungsdruck, familiale Schwierigkeiten, Drogenkonsum oder Selbstwertzweifel in Beratungen aufgearbeitet werden, sodass in der Konsequenz ein regelmäßiger Schulbesuch erleichtert wird. Gehen wir zurecht davon aus, dass häufiger Schulabsentismus auch als Problemindikator verstanden werden kann, hat der säumige Schüler/die säumige Schülerin vielfach einen Bedarf nach einem klärenden Gespräch, in dem offen über die Verhältnisse gesprochen werden kann, die zum Schulabsentismus führen. Die »Offenbarung der Emotionen« unterstützt das Verständnis für das Geschehene und erleichtert alternatives Verhalten (Brandstätter et al., 2013, 183).

Im Bereich Schule ist die Beratungsaufgabe verschiedenen Disziplinen zugeordnet. Als Träger personeller Ressourcen wurden im Zuge der Bildungsreform einerseits schulpsychologische Dienste eingerichtet und auch die Schulsozialarbeit findet hier ein Betätigungsfeld, andererseits sollen auch Lehrkräfte beratend tätig sein, was in der Institutionalisierung der Position des Beratungslehrers/der Beratungslehrerin der Schule Ausdruck findet (Grewe, 2015). Schülerorientierte Beratung beruht als strukturelles Element auf der Notwendigkeit, Orientierung zu schaffen in einem differenzierten Bildungssystem, Übergänge zwischen Schulformen und Bildungsabschnitten zu erleichtern und individuelle Krisen oder Problemlagen bei Lern- und Verhaltensstörungen zu mindern. Nicht zu übersehen sind dabei schulische Bedingungen, die mitunter wichtigen Prinzipien der Beratung entgegenstehen und nicht einzulösen sind (Hertel & Schmitz, 2010). So sind Lehrkräfte immer auch Teil des schulischen Systems, sodass ihnen für manche Fragestellung die angemessene Distanz fehlen könnte.

> »Der Berater soll den Ratsuchenden unterstützen, eine passende Lösung zu finden. Dazu benötigt er ein großes Maß an Unabhängigkeit in Bezug auf das Problem und seine Lösung. Er darf weder abhängig sein von eigenen anderen Rollen noch von Erwartungen und Aufträgen anderer Beteiligter, etwa der Kollegen oder Eltern« (Schnebel, 2017, 17).

Beratung entsteht durch den und ist geprägt von dem Bedarf einer ratsuchenden Person, die im Kontext der bisherigen Lebensgeschichte im Gespräch Zukunftsperspektiven entwickeln oder eine bestimmte Frage erörtern möchte. Diese Freiwilligkeit für ein Beratungsgespräch ist in der Schule nicht stets zu garantieren (Diouani-Streek, 2014). Betrachtet man Schule als Pflichtveranstaltung für Schülerinnen und Schüler, die am Unterricht und anderen schulischen Veranstaltungen teilnehmen müssen, fällt ins Auge, dass auch bei der Beratung in der Schule die Initiative des bzw. der Suchenden, ggf. der Wunsch eines Schülers/einer Schülerin oder einer Lehrkraft, der Ausgangspunkt sein sollte (Hertel & Schmitz, 2010).

»Der Zwang zur Beratung verhindert Offenheit und erhöht die Passivität des Ratsuchenden. In jedem Fall ist es Aufgabe des Beraters, im Beratungsprozess eine Eigenmotivation des zur Beratung gezwungenen Klienten aufzubauen. Bei Beratungsgesprächen, die offensichtlich zwangsweise erfolgen, muss der Berater für Vertrauen werben, die Anonymität der Beratung betonen und die Möglichkeiten der Beratung aufzeigen« (Hinz, 2008, 218).

Freiwilligkeit ist zwar nicht immer einzulösen, stellt aber – neben dem freien Zugang, der Beachtung der Verantwortungsstruktur, der Verschwiegenheit und Überparteilichkeit des/der Beratenden – ein bedeutsames Kriterium dar (Grewe, 2015). In diesem Kontext können Lehrkräfte in einen Rollenkonflikt geraten. Mutzeck (2008) betont im Rahmen seines Konzepts der Kooperativen Beratung, dass Beratung unter Kollegen und Kolleginnen der gleichen Berufsgruppe Akzeptanz- und Glaubwürdigkeitsprobleme mit sich bringen kann.

6.4 Elternkooperation

Unter den Standards der Prävention und Intervention bei Schulabsentismus (und anderen Problemlagen) ist stets – insbesondere bei gefährdeten Schülerinnen und Schülern – eine enge Kooperation zwischen Schule und Elternhaus zu finden. Schule als staatliches Instrument und die Eltern als Verantwortliche innerhalb des privaten Lebensraumes sollen Partner für die Erziehung und Bildung der Heranwachsenden sein. Allgemein gilt, dass die elterliche Beteiligung somit den Bildungsprozess der Kinder fördert und zu Bildungserfolgen beiträgt (Flouri & Buchanan, 2004). Ungünstig wirkt hierzulande allerdings die Tradition, Schule und Familie als zwei relativ geschlossene Systeme zu verstehen, zwischen denen der Schüler/die Schülerin hin und her pendelt, und nach der die schulrechtlich gesetzten Gremien, in denen Erziehungsberechtigte an der Schule mitwirken können, für ein Minimum an Austausch sorgen. Dieses Bild getrennter Bereiche gehört der Vergangenheit an und ist in Richtung einer Öffnung von Schule weiterzuentwickeln (Sacher, Berger & Guerrini, 2019). Eltern haben folglich die Aufgabe, ein erweitertes Selbstverständnis aufzubauen und sich in der Schule zu engagieren.

Kooperation mit Erziehungsberechtigten bei schulmeidendem Verhalten ist in ihren Grundlagen nicht zu unterscheiden von der Zusammenarbeit mit Eltern hinsichtlich anderer Themenfelder. Auch hier ist ein wechselseitiger, dynamischer und zielgerichteter Austauschprozess nötig, der die Handlungsweisen der Beteiligten mitbestimmt (Korte, 2004). Gehäuft ist innerhalb dieser Kooperation jedoch damit zu rechnen, dass die Eltern selbst psychosozial hochbelastet sind und an psychischen Beeinträchtigungen leiden. Mitunter fallen die Schülerinnen und Schüler in die Risikogruppe der Kinder psychisch kranker Eltern. Mittlerweile haben Untersuchungen offengelegt, dass für Kinder psychisch kranker Eltern ein erhebliches Risiko besteht, ebenfalls in dieser Weise zu erkranken oder psychosoziale Beeinträchtigungen zu entwickeln, und zwar je jünger die Kinder bei Beginn der Erkrankung eines Elternteils sind, je länger sie dauert und je schwerer sie ausgeprägt ist. Die Lage der Familie ist in diesem Kontext zu beachten:

> »Sozioökonomische und soziokulturelle Aspekte wie Armut, unzureichende Wohnverhältnisse sowie soziale Randständigkeit oder kulturelle Diskriminierung der Familie; Niedriger Ausbildungsstand bzw. Berufsstatus der Eltern und Arbeitslosigkeit, Verlust von wichtigen Bezugspersonen, insbesondere eines Elternteils, zwei- bis fünffach erhöhte Wahrscheinlichkeit für Vernachlässigung, Misshandlung oder sexuellen Missbrauch« (Lenz, 2012, 20; vgl. Armfield et al., 2021).

Das Kooperationsverhältnis zwischen Eltern und Schule wird heute als »Erziehungs- und Bildungspartnerschaft« bezeichnet, die positive Austauschprozesse in symmetrischen Strukturen, gegenseitige Achtung und vertrauensvolle Gesprächsformen zum Wohle des Kindes bedingt. Sie ist mit einer Demokratisierung der Beziehung zwischen Erzieherinnen/Erziehern, Lehrkräften und Eltern verknüpft – die Zusammenarbeit erfolgt auf Augenhöhe (Dusolt, 2018). Idealerweise

6.4 Elternkooperation

entwickelt jede Seite Verständnis für den Lebenszusammenhang und die Sichtweise der jeweils anderen und erkennt deren Kompetenzen an. Als übergeordnete Zielstellung ist die folgende anzusehen:

Die Lehrkräfte beeinflussen im Rahmen der Kooperation die Erziehung und Bildung in der Familie positiv, während die Eltern nicht nur Interesse an der pädagogischen Arbeit in der Schule zeigen, sondern diese auch im Rahmen ihrer Möglichkeiten unterstützen.

Erziehungs- und Bildungspartnerschaft bedeutet aber nicht nur den Austausch von Informationen über Verhalten, Entwicklung und Erziehung des Kindes in Familie und Schule, sondern geht einen entscheidenden Schritt weiter: Eltern, Erzieherinnen/Erzieher und Lehrkräfte versuchen, ihre Erziehungs- bzw. Bildungsziele, -methoden und -bemühungen aufeinander abzustimmen, den Erziehungs- und Bildungsprozess gemeinsam zu gestalten, sich wechselseitig zu ergänzen und zu unterstützen. Auf diese Weise soll eine gewisse Kontinuität zwischen den Lebensbereichen entstehen und ein ganzheitliches Erziehungs- und Bildungsprogramm zustande kommen. Es gibt immer wieder Erziehungsberechtigte, die Interesse haben, in die pädagogische Arbeit oder den Unterricht involviert zu werden und Angebote zu machen. In Absprache sollten ihnen dazu Optionen eröffnet werden. Inhaltliche Probleme wie Erziehungsschwierigkeiten, Verhaltensabweichungen oder Auffälligkeiten im Unterricht sind Anlässe für einen Austausch zwischen Lehrkraft und Eltern mit dem Ziel, Lösungen zu erarbeiten. Liegen tiefergreifende Störungen bei ihnen oder den Kindern vor und Hilflosigkeit macht sich bei den Eltern breit, sollten sie wissen, an welche (außer-)schulisch pädagogischen Institutionen (u. a. Erziehungsberatungsstelle) oder therapeutische Einrichtungen sie sich wenden können.

Eine enge und positive Zusammenarbeit zwischen Eltern und Lehrkräften allgemein ist pädagogisch wünschenswert und entfaltet zudem positive Wirkungen auf die Anwesenheit und Partizipation von Schülerinnen und Schülern in der Schule. Untersuchungen zeigen deutlich, dass gezielte Rückmeldungen an die Erziehungsberechtigten, die sowohl eine Fehlzeit anzeigen als auch auf eine Ver-

6 Intervention bei Schulabsentismus

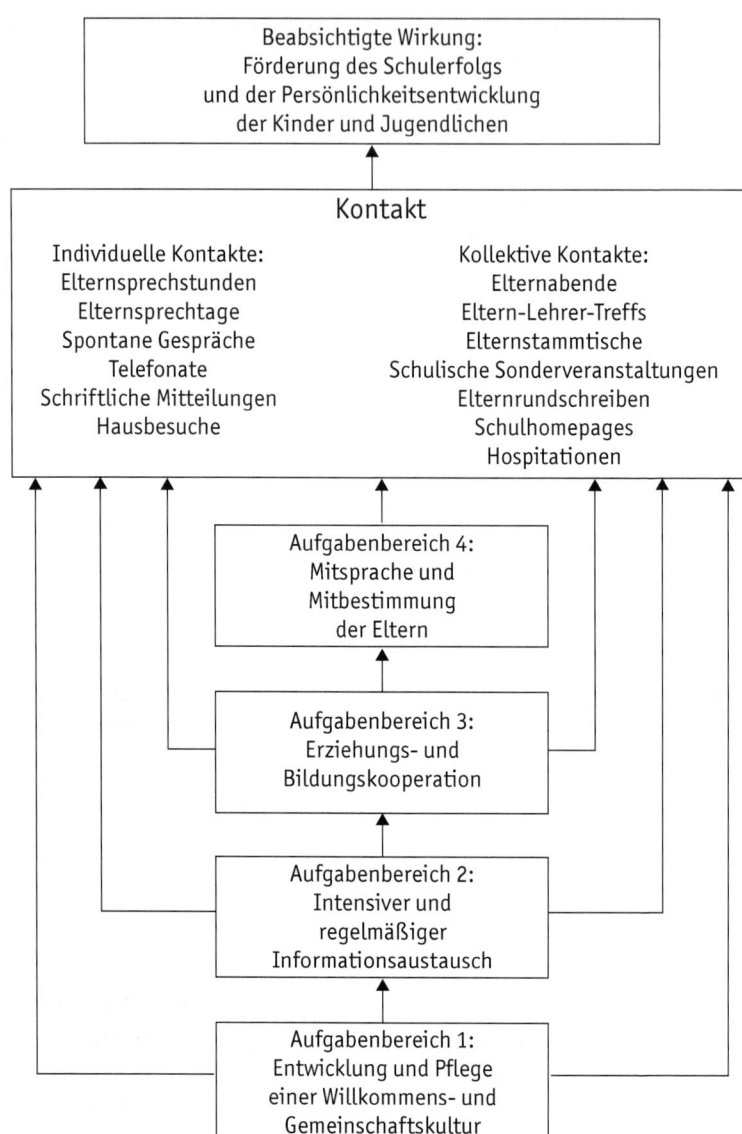

Abb. 4: Modell der Erziehungs- und Bildungspartnerschaft (Sacher, Berger & Guerrini, 2019, 17)

besserung der Anwesenheit hinweisen können, positive Effekte auf den Schulbesuch haben (Ricking, 2014). Vor diesem Hintergrund liegt die Basis in einer vertrauensvollen Beziehung zwischen den Akteuren, die durch offene, empathische und zugewandte Gespräche etabliert werden soll. Sie hilft dabei, der Gefahr der Defizitorientierung der Kontakte auszuweichen, wenn z.B. die Anrufe der Schule nur dann erfolgen, wenn negative Vorkommnisse zu berichten sind. In der Summe wird so die Beziehungsebene beeinträchtigt und erweist sich oft als nicht tragfähig für eine konstruktive Kooperation. Mitunter verhalten sich dann auch die Eltern oder die Lehrkräfte vermeidend.

Demgegenüber schaffen regelmäßige Kontakte mit den Eltern, die auch die positiven und schönen Erlebnisse mit dem Kind und seine Lernfortschritte thematisieren, eine vertrauensvolle und belastbare Beziehung. Dabei kann in den Grundlagen von Erziehung und Bildung ein gewisser Konsens erreicht werden. Um die Kooperation zwischen Schule und Eltern auf eine verbindliche Basis zu stellen und einen normativen Rahmen (Wertekonsens) für den Austausch zu schaffen, ist es empfehlenswert, eine Erziehungsvereinbarung bzw. einen Erziehungsvertrag zu schließen. Dieser erhöht die Verbindlichkeit der Verantwortungsübernahme und schafft mehr gegenseitiges Verständnis.

6.5 Intervention bei Schulangst

Seit der Reformpädagogik werden Forderungen nach angstfreiem Lernen in der Schule gestellt, z.B. durch Abschaffung von Leistungsdruck, Zensuren und sonstigen Einflüssen, die von Heranwachsenden als bedrohlich wahrgenommen werden könnten. Auch wenn diese Veränderungen heute nicht realisierbar erscheinen, sollten schulbedingte Ängste pädagogisch aufgegriffen, bearbeitet und gemindert werden. Ist die Angst beispielsweise durch Mobbing verursacht, ist von Lehrkräften sowie Mitschülerinnen und Mitschülern eine möglichst klare Haltung einzunehmen, die sich deutlich gegen Mobbing als Muster von Gewalt stellt und diese beendet (Olweus, 2002). Als pädagogische Zielsetzungen werden darüber hinaus die Akzeptanz eines gewissen Maßes an Angsterleben, aber gleichzeitig auch die Entwicklung von Gegenkräften und die Förderung von angemessenen Bewältigungsstrategien genannt (Bilz, 2017). In der Regel ist es erforderlich, dass sich Schülerinnen und Schüler mit ihrem Angsterleben aktiv auseinandersetzen, um Verdrängung und Vermeidung zu überwinden (Kearney, 2016). Im Schulleben und Unterricht ist es daneben besonders bedeutsam, Schülerinnen und Schülern Sicherheit zu vermitteln und ein positives Lernklima zu gestalten, das eine bedrohungsfreie oder -arme Atmosphäre vermittelt (Burkhardt et al., 2022). Hilfreich sind ebenso positive Beziehungen und eine intensive Bindung zwischen Lehrkräften bzw. schulischen Fachkräften und den Schülerinnen und Schülern wie auch die Stärkung des Selbstkonzepts und die Unterstützung von Kompetenzen der Bewältigung schwieriger Situationen (Bilz, 2017). Weitere Aspekte:

- Wahrnehmbare Kontrollierbarkeit und Vorhersagbarkeit schaffen Verhaltenssicherheit für die Lernenden, was u.a. durch die Transparenz von Tagesstrukturen und Anforderungen unterstützt wird (Stein, 2012).
- Leistungsrückmeldungen nach sozialem Bewertungsmaßstab, die Vergleiche implizieren, sind zu vermeiden. Sie stärken ungünstige Attributionen sowie die Misserfolgsorientierung und schwächen das Selbstkonzept der Lernenden (Rheinberg, 2008). Die individuelle Bezugsnorm ist in der Schule zu bevorzugen.
- (Schul-)Angst als Unterrichtsthema, z.B. in einem Projekt, kann einen aufklärenden und Handlungskompetenz steigernden Charakter annehmen.
- Mit »Freunde« von Barrett, Webster und Turner (2003) liegt ein empfehlenswertes Trainingsprogramm zur Prävention von Angst und Depressionen vor.

Mit dem Begriff Psychoedukation sind Verfahren gemeint, die das Problem dem/der Betroffenen gegenüber erläutern und Möglichkeiten thematisieren, damit umzugehen. Es ist ein wichtiger Aspekt in der Absentismusprävention, über die Folgen des Fernbleibens vom Unterricht aufzuklären (Brodersen & Castello, 2022, 50). Der Begriff Psychoedukation beschreibt die Vermittlung differenzierten Wissens über eine Störung oder Problematik (am Beispiel Schulverweigerung: Walter & Döpfner, 2021; bei Depression: Hautzinger, 2017). Betroffene entwickeln oftmals unzutreffende subjektive Annahmen und Einstellungen zu ihrer Störung. Daher ist es sinnvoll, ihnen rationale Informationen zu bieten. Die Vermittlung dieses Wissens dient der Aufklärung über theoretische Hintergründe und Interventionsmaßnahmen. Im Zuge dessen werden Ursachen, Wechselwirkungen sowie Sinn und Zweck einer hilfreichen Vorgehensweise erläutert (Petermann & Bahmer, 2009).

In Bezug auf das schulabsente Verhalten von Schülerinnen und Schülern erfolgt zu Beginn der Psychoedukation die Informationsvermittlung darüber, was unter Schulabsentismus und ggf. unter Schulangst zu verstehen ist. Diese Informationen sind nicht nur für die Betroffenen selbst relevant, sondern schließen das Elternhaus mit ein. Des Weiteren sollten die negativen Folgen aufgezeigt werden, die aus dem Schulabsentismus für das schulische Fortkommen und das spätere Leben resultieren. Es ist zu verdeutlichen, welche Reaktionen das Verhalten auf Seiten der Schule und Behörden mit sich bringt. Aber nicht nur die Aufklärung über Folgen und Konsequenzen sind Teil der Psychoedukation, sondern auch das Aufzeigen möglicher Unterstützungssysteme, die bei Fragen und Problemen zur Verfügung stehen. Das dient dazu, die Mitarbeit der Beteiligten am Lösungsprozess zu stärken und die Übernahme von Eigenverantwortung auszubauen. Die Aufklärung kann mit den Eltern und dem Kind zusammen oder getrennt erfolgen. Sie sollte jedoch immer altersangemessen sein und einen Adressatenbezug aufweisen. Die Betroffenen haben häufig eigene Vorstellungen über die Ursachen ihres Schulabsentismus, mögliche Veränderungs- bzw. Handlungsmöglichkeiten und eine Prognose für die Wirksamkeit von Interventionen. Das Aufgreifen und Erörtern dieser Vorstellungen ermöglicht ein besseres Verständnis der subjektiven Perspektiven der Betroffenen und trägt zur Fallklärung bei. Diese subjektiven Konzepte sollten im Gespräch ernstgenommen und integriert werden, weiterführende (wissenschaftliche) Informationen dargestellt und darauffolgend mögliche Lösungs- und Handlungsschritte erörtert werden.

7 Falldarstellungen

Im Folgenden werden Falldarstellungen aus dem Kontext des Schulabsentismus vorgestellt, die bezwecken, die bereits beschriebenen theoretischen Inhalte zu ergänzen, die Phänomene anschaulicher zu machen und den Erkenntnisgewinn zu erhöhen. Die Arbeit am Einzelfall bedeutet, originäres Material strukturiert zusammenzustellen, welches die soziale Situation und die subjektiven Verarbeitungsprozesse der betroffenen Personen im Kontext ihres Umfeldes beschreibt, erklärt und zu verstehen vermag. »Einzelfallstudien sind in der Lage, komplexe soziale Sachverhalte abzubilden, wobei die Rekonstruktion der Eigenlogik eines zu rekonstruierenden Falles im Zentrum einer empirischen Untersuchung steht« (Kraimer, 2014, 47). Dabei wird der große Vorteil qualitativ orientierter Fallstudien in ihrer Nähe zur Lebenswelt der Akteure ausgemacht und so die Lebenspraxis zum Gegenstand der Erörterung (Fatke, 2013). Die Unmittelbarkeit in Bezug auf die Lebenswelt bedeutet zum einen eine große Offenheit für die Aspekte, denen die Probanden im Kontext subjektiver Theorien Bedeutung zuweisen (Lamnek & Krell, 2016), und zum anderen die Berücksichtigung von Setting-spezifischen Faktoren und Interaktionsprozessen in der Lebenswelt. Vor diesem Hintergrund wird ein Bezug zur Feldtheorie Lewins hergestellt (▶ Kap. 4), die einen Fall zu strukturieren und zu explizieren vermag und relevante Einflussfaktoren in die Fallbestimmung einschließt. Hoffmann (2009, 125) akzentuiert die Zielsetzung:

> »Mit Hilfe systematischer, wissenschaftlich geleiteter Fragestellungen hat die Einzelfallanalyse das Ziel, ein ungelöstes Praxisproblem durch nachgehende Reflexion besser zu verstehen. Zudem geht es um einen Erkenntnisgewinn, der über diesen Fall hinaus professionstheoretische Bedeutung hat.«

Somit steht die Rekonstruktion von typischen Handlungsmustern im Mittelpunkt, womit eine Aussagekraft jenseits der Kasuistik angestrebt wird. Wenn ein Fall stets etwas Allgemeines wie auch etwas Besonderes beinhaltet, sind es dessen kennzeichnende Strukturmerkmale, die im Zentrum der Rekonstruktion stehen und auf inhärente Sinnstrukturen befragt werden (Seeliger, 2016). Die Strukturen lassen sich als Interpretationsfolien nutzen, auf denen Jugendliche, die beispielsweise schulabsentes Verhalten zeigen, näher betrachtet werden. Der Einzelfall entdeckt ggf. »Typisches im Individuellen« (Fatke, 2013, 167). In den folgenden Ausführungen kann es gelingen, die falltypischen Muster mit dem wissenschaftlichen Diskurs in Verbindung zu bringen und so neue Erkenntnisse und mehr Verstehen zu generieren. Muster und übergreifende Strukturen, die über den Einzelfall hinausgehen, sind hinsichtlich weiterer theoretischer Implikationen wie auch Ableitungen für die pädagogische Praxis zu befragen.

8 Fall 1: Mara

8.1 Ausgangslage

Mitarbeitende der stationären Jugendhilfe sind häufig mit Kindern und Jugendlichen konfrontiert, die der Schule über längere Zeiträume fernbleiben und sich den Versuchen einer schnellen Reintegration entziehen. So auch in dem Fall, der Gegenstand des vorliegenden Kapitels ist.

Mara ist 14 Jahre alt, als sie, auf eigenen Wunsch, in einer Wohngruppe der Jugendhilfe untergebracht wird, die etwa 100 km von ihrem Heimatort entfernt liegt. Sie wünscht sich einen Neuanfang, auch in schulischer Hinsicht, nachdem sie der Schule die vorangegangenen Monate ferngeblieben war.

Zu Beginn scheint es, als gelinge Mara dieser Neuanfang. Sie berichtet nach der Schule zwar, mit ihren Mitschülerinnen und Mitschülern nicht auszukommen, verlässt jedoch jeden Morgen das Haus und kommt mittags zu Schulschluss zurück in die Gruppe. Nach zwei Wochen erfolgt dann ein Anruf der Klassenlehrerin, die nach Mara fragt und auf diesem Wege mitteilt, dass diese bereits die Hälfte der Schultage gefehlt habe, wobei eine Entschuldigung noch ausstehe.

8.2 Problemstellung und methodisches Vorgehen

Da Frau Bauer, Maras Bezugsbetreuerin, um die vorangegangene Schulverweigerung im Heimatort weiß, ist ihr eine zeitnahe Diagnostik und zielgerichtete Intervention wichtig, um eine Verfestigung der Verhaltensweisen zu vermeiden und eine Reintegration in das Schulsystem herbeizuführen. So strukturiert sie in ihrem Dienst am Folgetag das weitere Vorgehen. Dabei sollen Diagnostik und Intervention parallel laufen und sich gegenseitig bedingen: Zum einen möchte sie sich ein ausführliches Bild von Maras Lebensraum und den darin wirkenden Kräften machen. Zum anderen möchte sie mit ihren Kolleginnen auch zeitnah umsetzbare Maßnahmen besprechen, wie auf Maras Verhalten zu reagieren ist.

Der Lebensraum als zentrales Konstrukt der Feldtheorie umfasst dabei alle Lebensbereiche, die das gegenwärtige Handeln von Personen beeinflussen. Einzelne Lebensbereiche werden auch Wirkungsraum genannt. Innerhalb des Lebensraumes wirken dynamische Kräfte, die zu einem Ziel hin- (treibende Kräfte) oder von diesem wegführen (hemmende Kräfte). Sind die hemmenden Kräfte stark ausgeprägt oder die treibenden Kräfte gering, kann der Zugang zu einzelnen Lebensbereichen verunmöglicht werden, man spricht hier von Barrieren (▶ Kap. 4). Zumeist stehen die im Lebensraum wirkenden Kräfte in einem Gleichgewicht. Bei Mara verweist jedoch das schulverweigernde Verhalten auf eine Schieflage, die langfristig desintegrative Prozesse in verschiedenen Lebensbereichen begünstigen kann.

Auf Basis dieser Konstrukte formuliert Maras Bezugsbetreuerin Frau Bauer Fragen, die für die Diagnostik, Interventionsplanung und Evaluation handlungsleitend sind.

- Welche Ziele, Kräfte und Barrieren begünstigen oder verhindern den Schulbesuch?
- Welche Ansatzpunkte für die pädagogische Intervention ergeben sich daraus?
- Welche Veränderungen im Lebensraum lassen sich identifizieren?

Dabei beschränken sich die Ziele, Kräfte und Barrieren nicht nur auf den schulischen Wirkungsraum, da z.B. treibende Kräfte zu anderen

Wirkungsräumen den Zugang zum schulischen Wirkungsraum beeinflussen können. Erkennbar ist also, dass sich die pädagogische Diagnostik nicht nur auf einzelne Bereiche des Lebensraums beschränkt. Vielmehr gilt es, alle zur Verfügung stehenden Informationen zu verschiedenen Lebensbereichen zu bündeln, um vorschnelle Schlüsse und Kausalitätszuschreibungen zu vermeiden. Zu Beginn der Diagnostik wird festgehalten, welche Methoden angewendet werden, um ein möglichst differenziertes Bild von Maras Lebensraum zu erhalten. Dazu gehören:

- Gespräche mit Mara
- Beobachtungen aus dem pädagogischen Alltag in der Wohngruppe und Reflexion dieser im Team
- Gespräch mit der Lehrkraft
- Zeugnisse
- Da das Verhalten im gegenwärtigen Lebensraum von biographischen Erfahrungen mitbedingt ist, verschafft sich Frau Bauer in einem ersten Schritt einen Überblick über Maras Akte und über die vorhandenen Berichte.

Familiäre Situation

Mara ist Einzelkind und ihre Mutter, Frau Borke, etwa 40 Jahre alt bei der Geburt. Der Vater verstirbt, als Mara 4 Jahre alt ist. Maras Mutter ist bereits seit dem frühen Erwachsenenalter alkoholabhängig. Es wird gemutmaßt, dass sie auch während der Schwangerschaft Alkohol konsumiert hat. Aufgrund der Alkoholabhängigkeit wird von mehreren Klinikaufenthalten der Mutter pro Jahr berichtet. In diesen Zeiten lebt Mara bei der Tante, der Schwester der Mutter, die nur wenige Straßen entfernt wohnt. Dort kommt sie auch vorübergehend mit zwölf Jahren unter, nachdem ein Streit mit der Mutter eskaliert. Es erfolgt eine kurze Rückkehr zu der Mutter und außerdem ein stationäres Clearing, in dessen Anschluss eine Aufnahme in eine Wohngruppe umgesetzt wird. Diese Maßnahme wird jedoch nach

8 Fall 1: Mara

wenigen Tagen beendet und Mara kehrt zurück zu ihrer Tante, wo sie bis zur Aufnahme in die aktuelle Wohngruppe verbleibt.

Kontakte mit dem Jugendamt kennt Mara aufgrund der konfliktbehafteten Familiensituation bereits seit der frühen Kindheit, insbesondere in Form von wöchentlich stattfindenden Terminen mit einem Erziehungsbeistand. Das stationäre Clearing während der Zeit bei ihrer Tante erfolgt zwar auf Initiative des Jugendamtes, wird von Mara jedoch befürwortet. Mara benennt Aggressionsprobleme ihrerseits gegenüber der Tante, die sich auch in körperlicher Gewalt wie dem Werfen von Gegenständen äußern, und wünscht sich, dass eine weitere Eskalation vermieden wird. Gegen die anschließende Unterbringung in einer Wohngruppe widersetzt Mara sich dann jedoch, indem sie zu ihrer Tante zurückkehrt und eine Beendigung der Unterbringung erwirkt. Es erfolgt dann eine erneute Unterbringung in einer Wohngruppe, dieses Mal auf Initiative Maras, die sich eine Veränderung und daher eine Unterbringung in einer entfernten Stadt wünscht, in welcher sie bereits über soziale Kontakte verfügt.

Schulische Situation

Maras Schulbiografie erscheint bis zur achten Klasse unauffällig. Sie besucht den Realschulzweig der örtlichen Oberschule, ist regelmäßig anwesend und zeigt durchschnittliche Leistungen. Aus den Berichten lässt sich jedoch entnehmen, dass Mara schon in jungen Jahren Konflikte mit Gleichaltrigen in der Schule hatte. Mara berichtet von Mobbingerfahrungen, die bereits in der Grundschule beginnen. Dennoch sei sie immer gerne zur Schule gegangen, da sie zum einen etwas habe erreichen wollen, zum anderen ihren besten Freund immer an ihrer Seite gehabt habe, sodass das Mobbing sie emotional weniger belastet habe. Ab der achten Klasse erfolgt der Einschnitt in Form vieler unentschuldigter Fehltage, die einige Wochen vor den Sommerferien beginnen und auch im anschließenden Schuljahr fortbestehen. Ein mit massiver Scham verbundener Vorfall sowie der Verlust des besten Freundes führen letztlich zur Schulverweigerung.

Mara hält sich morgens bei Freundinnen auf, feiert und konsumiert Alkohol und andere Drogen. Mit der Unterbringung in der Wohngruppe geht für Mara auch der Wunsch einher, die schulische Laufbahn zu stabilisieren und einen Schulabschluss zu erreichen. Sie wird auf der örtlichen Oberschule für den Hauptschulzweig angemeldet und soll dort die achte Klasse aufgrund der hohen Fehlzeiten im vorangegangenen Schuljahr wiederholen. Mara selbst wünscht sich, eine andere Schule im Nachbarort zu besuchen, da sie dort Menschen kenne.

Emotionale und soziale Entwicklung

Aufgrund des Alkoholabusus der Mutter und damit einhergehender Parentifizierung übernimmt Mara bereits früh ein hohes Maß an Verantwortung, sowohl für sich als auch für ihre Mutter. Sie kümmert sich um die Grundversorgung (Lebensmittel, Hygiene etc.) und den regelmäßigen Schulbesuch. Sie erlebt also früh ein hohes Maß an Autonomie in der Lebensführung, welches sich durch ihre Biografie zieht: Entscheidungen, an denen sie nicht partizipieren und deren Sinn sie nicht nachvollziehen kann, widersetzt sie sich. Das zeigt sich unter anderem bei der ersten Unterbringung in einer Wohngruppe, der Mara selbst ablehnend gegenübersteht und die daraufhin bereits nach wenigen Tagen beendet wird.

Eine altersentsprechende Regulation ihrer Emotionen hat Mara weder von ihrer Mutter noch von ihrer Tante gelernt. Während bei der Mutter von häufigen Wutausbrüchen, auch gegenüber der Tochter, berichtet wird, wird die Tante als emotional abgespalten beschrieben, die sowohl positive als auch insbesondere negative Emotionen von Mara negierte und vernachlässigte. Mit emotional abgespalten ist gemeint, dass die Tante von Mara keine Emotionen zeigt, insbesondere dann nicht, wenn Mara stark negative Gefühle wie Wut und Aggression an den Tag legt. Sie spiegelt die Emotionen ihrer Nichte also nicht. Mara erzählt, dass sie dadurch immer wütender wird. Mara selbst zeigt ab dem Teenageralter ein ausgeprägtes

Erleben von Emotionen und Wutanfällen bis hin zu körperlicher Gewalt gegenüber Gegenständen.

Gleichzeitig zeigt Mara sich sehr reflektiert und bemüht, eine Veränderung des eigenen Verhaltens zu initiieren. So erkennt sie, dass die Aggressionen gegenüber dem als gleichgültig erlebten Verhalten der Tante zunehmen, und befürwortet eine stationäre Unterbringung. Damit verbindet sie die Hoffnung, die Beziehung zur Tante durch Distanz zu verbessern. Mara ist sich dabei sowohl der Destruktivität des eigenen Verhaltens als auch der fehlenden emotionalen Kompetenzen der Tante bewusst.

Soziale Kontakte haben für Mara eine hohe Relevanz. Dabei ist bis zur achten Klasse ihr bester Freund ein wichtiger Bezugspunkt, auch im schulischen Kontext. Durch den Bruch mit ihm gewinnt eine Peergroup außerhalb des schulischen Umfeldes an Relevanz. Mara erlebt diese als Familie und widmet sich mit dieser Gruppe einem lustbetonten Lebensstil, im Rahmen dessen Schule und sonstige Verpflichtungen an Bedeutung verlieren.

8.3 Pädagogische Falleinschätzung

Gespräch mit Mara

Als Mara am Mittag passend zum Ende der Schulzeit in die Wohngruppe kommt, wird sie von Frau Bauer begrüßt und über den Anruf der Lehrerin informiert. Mara reagiert verärgert und teilt mit, dass ihr das »scheiß egal« sei und dass sie »auf diese H***schule« nicht mehr zurückgehen werde, erst recht nicht mit ihrer Lehrerin, der »dummen F***«. Sie möchte weiter ausholen, wird aber von ihrer Bezugsbetreuerin unterbrochen, die mitteilt, dass sie gerne später mit ihr in Ruhe reden möchte, und verabredet sich für die Zeit nach dem Mittagessen. Mara verlässt die Situation mit einem genervten »dann halt so, wir brauchen aber nicht reden, ich habe mich ent-

8.3 Pädagogische Falleinschätzung

schieden« und geht nach oben, um ihre Tasche auf ihr Zimmer zu bringen.

Nach dem Mittagessen, bei welchem Maras Wut noch deutlich spürbar ist, findet das gemeinsame Gespräch im Besprechungsraum statt. Dabei geht es erst einmal um Maras Befindlichkeit, die Situation in der Schule, ihre Aktivitäten am Morgen sowie die Information über Konsequenzen bei Schulverweigerung. Maras Emotionen wechseln in diesem Gespräch immer wieder zwischen glücklich, wenn sie von ihrem neuen Freund aus dem Ort erzählt, und wütend, wenn es um die Situation in der Schule geht, hin und her. Frau Bauer fasst die wesentlichen Themen des Gesprächs in eigenen Worten zusammen.

Mara fühlte sich auf der neuen Schule von Anfang an unwohl. Sie wäre viel lieber in D. auf die Schule gegangen, dort habe sie Freunde und ohne Freunde könne sie nicht leben. Auf der neuen Schule seien sowohl ihre Mitschülerinnen als auch ihre Lehrerin gegen sie. Von den »B**** der Klasse« würde sie von Anfang an beleidigt und geärgert. Sowas lasse sie sich jedoch nicht mehr gefallen, sondern habe direkt ihr »Maul aufgerissen«, was bei den anderen nicht gut angekommen sei. Andere Mädchen, mit denen sie am Anfang Kontakte geknüpft habe, hätten sich von ihr aus Angst vor den Mobberinnen distanziert; ihre Lehrkraft gebe keinen Rückhalt, sondern stelle sich auf die Seite der Mobberinnen. Nachdem ihre Tasche von diesen zerstört worden war und ihre Lehrerin nicht intervenierte, habe sie sich entschieden, die Schule nicht mehr zu besuchen.

Ihre Zeit am Morgen würde sie in D. bei Freunden verbringen, die arbeitslos sind oder erst abends arbeiten, manchmal auch mit ihrem Freund, wenn dieser seine Ausbildung schwänzt. Das versuche sie jedoch zu verhindern, weil es wichtig sei, dass er seine Ausbildung erfolgreich abschließe. Insgesamt mache sie sich viele Sorgen um ihren Freund (*Anmerkung: Mit dem Freund ist Mara seit dem Tag ihres Einzugs zusammen*). Dieser trinke zu viel und sie habe Angst, dass er eine Abhängigkeit entwickle. Mara betont, dass ihre Freunde sie von ihren psychischen Problemen ablenkten und das Leben erträglich machten.

Da sie sich in der Wohngruppe sehr wohl fühle und die anderen Jugendlichen wie Geschwister für sie seien, sei mit dem Schulschwänzen die Angst verbunden, aus der Wohngruppe zu fliegen. Es gehe ihr jedoch psychisch schon schlecht genug, da müsse sie sich nicht noch dem Schulbesuch stellen, mit dem es ihr dann nur noch schlechter gehen würde. Sie wisse, dass der Schulbesuch wichtig sei, und fragt nach einer Umschulung nach D. Da durch die Fahrt nach D. Zugkosten entstehen, die vom Schulamt nicht übernommen werden, wird dieser Wunsch negiert, wobei Mara die Option offengehalten wird, beim Jugendamt die Übernahme der Fahrtkosten zu beantragen. Gleichzeitig wird darauf verwiesen, dass es auch dort Konflikte mit Mitschülern und Mitschülerinnen geben kann. Mara betont, darum zu wissen. Wenn sie dort jedoch Freunde habe, könne sie mit Stresssituationen besser umgehen.

Mara betont in dem Gespräch immer wieder, dass es ihr psychisch nicht gut gehe. Sie habe immer wieder »Flashbacks«, in denen sie ihren ehemals besten Freund aus der Heimatstadt vor sich sehe. Nach wie vor hasse sie sich dafür, dass sie diesen belogen habe, da das die Freundschaft zerstört habe. Belastend beschreibt Mara außerdem die ständigen Versuche der Mutter, Kontakt zur Tochter aufzunehmen. Ihre Mutter rufe mehrmals am Tag an. Wenn sie nicht ans Telefon gehe, würde ihre Mutter »Telefonterror schieben« und das vielleicht auch noch bei der Tante. Diese müsse sie jedoch vor der Wut der Mutter schützen und gehe daher lieber ans Telefon. In den Telefonaten versuche ihre Mutter dann, sie mit Druck zur Rückkehr in den mütterlichen Haushalt zu bewegen, was sie selbst jedoch auf keinen Fall wolle. Mara äußert sich sehr abfällig und verletzend über ihre Mutter und sagt, dass sie »ihr Leben nicht im Griff hat«.

Die Schulverweigerung erachtet Mara für sich nicht als zentrales Thema, das es zu bearbeiten gilt. Dennoch lässt sie sich darauf ein, gemeinsam mit Frau Bauer Interventionen zu planen, die zum einen dem erfolgreichen Schulbesuch und zum anderen ihrer psychischen Stabilisierung dienen sollen. So wird ein gemeinsames Gespräch mit der Klassenlehrerin vereinbart, wenngleich Mara sich diesbezüglich skeptisch zeigt. Sie stimmt jedoch zu, damit Frau Bauer ihre Lehrerin einmal sehen und sich ein Bild von der ihrer »Unfähigkeit« machen könne. Entsprechend der Regeln in der Wohngruppe wird Mara informiert, dass Verabredungen an den Schulbesuch in den Morgenstunden gebunden sind: Wenn sie in der Schule war, kann sie sich am Nachmittag wie gewohnt verabreden. Entsprechend Maras Wunsch verspricht Maras Bezugsbetreuerin, sich um eine ambulante Psychotherapie für Mara zu kümmern.

Gespräch in der Schule

Das Gespräch in der Schule findet zwei Tage, nachdem Maras unentschuldigte Fehltage in der Gruppe auffallen, statt. Zu Beginn des Gesprächs sind Mara, ihre Klassenlehrerin Frau Kraft, die Schulsozialarbeiterin Frau Heide sowie Frau Bauer als Bezugsbetreuerin anwesend. Anschließend findet ein Austausch der pädagogischen Fachkräfte ohne Mara statt. Mara berichtet von ihren Problemen mit den Mitschülerinnen und Mitschülern und dem Mobbing, etwa durch Zerstören ihrer Schultasche. Es fällt ihr schwer, die Rückmeldung der Lehrkraft auszuhalten, der zufolge die Tasche gerissen und nicht von den anderen in der Klasse zerschnitten worden sei. Mara äußert verärgert die Vermutung, die Lehrerin lasse sich von den anderen Mädchen beeinflussen. Es werden Lösungsmöglichkeiten überlegt, wie Mara sich besser im Klassengefüge zurechtfinden kann. Dabei wird auf positive Kontakte in der Klasse und in der Schule verwiesen. Mara bestätigt diese, bezweifelt jedoch, dass diese zu ihr halten, wenn das »Klassenoberhaupt« gegen sie ist. Dennoch scheint der Verweis auf diese ihr Motivation zu geben. Die Schulsozialarbeiterin betont, dass Mara sich auch stets an sie wenden könne, wenn es zu Problemen kommen sollte. Maras Klassenlehrerin geht davon aus, dass Mara kognitiv in der Lage sei, den Schulstoff zu bewältigen. Das habe sie in den wenigen Stunden, die sie im Unterricht anwesend war, unter Beweis gestellt. So habe sie sich stets auch bei schwierigen Aufgaben beteiligt und Lösungen präsentieren können. Ferner verwiesen auch die vorangegangenen Zeugnisse, dass Mara auch in der

Vergangenheit kaum Probleme mit dem Schulstoff gehabt habe. Frau Kraft vermutet, dass Mara durchaus einen Realschulabschluss erreichen kann. Mara bestätigt diese Sicht und betont, dass sie derzeit nur aufgrund der hohen Anzahl an Fehltagen im letzten halben Jahr in einer Hauptschulklasse sei, damit sie erst einmal wieder Fuß fassen könne. Ihr langfristiges Ziel sei jedoch ein Studium.

Neben den Maßnahmen im Schulalltag wird überlegt, wie die Mitarbeiterinnen der Wohngruppe zeitnah erfahren, ob Mara in der Schule war. Es wird besprochen, dass sie sich die einzelnen Stunden von den jeweiligen Lehrkräften abzeichnen lässt. An das Vorzeigen der Unterschriften in der Gruppe wird der Ausgang am Nachmittag geknüpft. Maras Lehrkraft erklärt, dass es im Schulalltag nicht möglich sei, die Wohngruppe per E-Mail oder Telefon zu informieren. Mara wird jedoch versichert, dass telefonisch weiterhin ein regelmäßiger Austausch stattfinden wird. Sie zeigt sich im Gespräch erleichtert und ist optimistisch, den Schulbesuch wieder zu bewältigen. Ihre Klassenlehrerin teilt mit, die bisher angesammelten Fehltage auf null zu setzen und nicht zu melden, sofern Mara nun täglich die Schule besucht. Sollte das nicht der Fall sein, werden die Fehltage dem Schul- und Sportamt gemeldet.

Zum Schluss werden ohne Mara Möglichkeiten besprochen, wie zu verfahren ist, sollte Mara den Schulbesuch weiter verweigern. Neben der mit Mara besprochenen Einleitung eines Bußgeldverfahrens werden folgende Alternativen zum Besuch der Regelschule in den Raum gestellt: Dauerpraktikum, Schulersatzmaßnahme oder Beschulung an einer Förderschule. Die genannten Optionen sollen, sofern notwendig, in einem weiteren Gespräch vertieft werden.

Kollegiale Beobachtungen und Austausch

Als Frau Bauer in der Woche darauf Maras schulische Situation in der Teambesprechung besprechen möchte, erfährt sie, dass Mara nach zwei erfolgreichen Schultagen nun wieder zwei Fehltage in der Schule hat. Ferner ist sie der Wohngruppe an zwei aufeinanderfolgenden Tagen über Nacht ferngeblieben. Mara hat einer Betreuerin gegenüber betont, dass sie die Schule nicht mehr besuchen werde, da sie von ihrer Lehrkraft aufgrund ihres Kleidungsstils beleidigt worden sei. Umfassende Gespräche mit den Betreuenden, sowohl zur Erarbeitung von Lösungsmöglichkeiten für schulische Konflikte als auch bezüglich sanktionierender Maßnahmen, scheinen bisher ergebnislos verlaufen zu sein. Es wird überlegt, ob Mara beleidigt oder lediglich um Einhaltung der Kleiderordnung gebeten wurde. Auch in der Wohngruppe eckt Mara mit ihrer freizügigen Bekleidung an. Aufforderungen nach einer angemesseneren Kleidung begegnet sie mit Wut und Unverständnis, ebenso wie auf andere Regeln, die Mara für sich als nicht sinnvoll deklariert. Im Team wird vermutet, dass neben diesen Schwierigkeiten, mit Regeln und Strukturen umzugehen, für Mara die soziale Situation in der Schule eine besondere Hürde darstellt. Mara ist in ein bestehendes Klassengefüge gekommen, welches sie weder einschätzen noch kontrollieren könne. Das führe zu Angst und letztlich zur Vermeidung der Schule. Es wird überlegt, ob kleinere Klassen oder eine Schulersatzmaßnahme sinnvoll für Mara wären, damit Mara in einem geschützten Rahmen lernt, sich sicher in sozialen Gefügen zu bewegen. Eine Unterbringung in einer Kinder- und Jugendpsychiatrie wird nicht als sinnvoll erachtet, da Mara erst seit etwa sechs Wochen in der Wohngruppe lebt und eine Anbindung in diesem Rahmen priorisiert wird. Abschließend wird diskutiert, inwiefern das morgendliche Verlassen des Hauses weiterhin anvisiert werden soll. Dies ist entsprechend den Regeln in der Wohngruppe für alle Jugendlichen Pflicht, um schulverweigerndes Verhalten nicht zu verstärken. Bei Mara führt das jedoch dazu, dass sie sich an unbekannten Orten und bei unbekannten Menschen aufhält und teilweise auch über Nacht wegbleibt. Stattdessen wird überlegt, sie morgens in der Gruppe anzubinden. Dadurch würde ihr ausgeprägtes Bindungsbedürfnis berücksichtigt und ihr die Möglichkeit geboten, korrigierende Bindungserfahrungen zu sammeln. Wichtig dabei wäre, mit Mara gemeinsam Anforderungen und Entlastung auszuhandeln.

8.4 Ziele, Kräfte und Barrieren im aktuellen Lebensraum

Auf Basis der gesammelten Erkenntnisse wird der Frage nachgegangen, welche Ziele, Kräfte und Barrieren den Schulbesuch begünstigen oder behindern. Die Erlangung eines Schulabschlusses und die Erwartung an sich, die eigene Schullaufbahn zu stabilisieren, fungieren als treibende Kräfte zur Schule hin, ebenso wie die Erwartung der Wohngruppe, dass die Schule täglich besucht wird. Diesen Kräften stehen jedoch hemmende Kräfte durch Konflikte mit Mitschülerinnen und Mitschülern wie auch Lehrkräften gegenüber. Ferner führt Maras ausgeprägter Wunsch nach Autonomie zu einem Widerstand gegenüber Regeln und Strukturen und somit zu hemmenden Kräften weg von der Schule. Auch ihre negativen Vorerfahrungen im schulischen Umfeld (Mobbing) behindern den Zugang zum schulischen Wirkungsraum.

Gleichzeitig führen treibende Kräfte hin zu ihren Peers, die im außerschulischen Umfeld verortet sind. Mit diesen fühlt Mara sich verbunden; ihr Bedürfnis nach Autonomie sowie sozialer Eingebundenheit, welches in der Schule nicht erfüllt wird, wird hier bedient. Außerdem erlebt sie mit diesen abwechslungsreiche und aufregende Tage von den Morgen- bis in die Nachtstunden und kann somit der Tristesse des Alltags, den negativen Gefühlen und der inneren Leere entfliehen. Sich selbst aushalten, allein sein, kann Mara ihrer Aussage nach nicht. Sie brauche die Ablenkung von Freunden und Freundinnen. Dabei fungieren die Regeln und Strukturen der Wohngruppe als hemmende Kräfte. Verabredungen sind an den Schulbesuch gekoppelt, welchen Mara nicht erfüllt, sodass freundschaftliche Treffen nicht erlaubt sind. Da Mara sich in der Wohngruppe wohlfühlt, stellt dieses Verbot eine hemmende Kraft dar, die jedoch weniger stark ausgeprägt scheint als der Wunsch, nicht zur Schule zu gehen und ihre Freundinnen und Freunde zu treffen. Diese hemmende Kraft der

8.4 Ziele, Kräfte und Barrieren im aktuellen Lebensraum

Wohngruppe versucht Mara zu umgehen, indem sie das Haus zu den Schulzeiten verlässt und den Schulbesuch vortäuscht.

Zur Wohngruppe selbst führen starke treibende Kräfte. Mara betont, dass sie sich wohlfühlt und in der Wohngruppe verbleiben wolle. Dabei wird Maras positive Haltung gegenüber der Wohngruppe insbesondere als Folge gelungener Integration im Sozialgefüge der Gruppe betrachtet. Mara versteht sich, so zeigen Beobachtungen und Gespräche, gut mit den anderen Jugendlichen und betitelt diese gar als Geschwister. Auch zu den pädagogischen Fachkräften hat Mara überwiegend eine gute Beziehung und sucht häufig aktiv das Gespräch. Hemmende Kräfte, die ihr den Zugang zur Gruppe erschweren, stellen die Regeln und Strukturen in der Wohngruppe in Kombination mit Maras lustorientiertem Verhalten dar. Mara ist es gewohnt, über einen Großteil ihres Lebens selbst zu bestimmen. So gab es im mütterlichen Haushalt wenig verlässliche Regeln und Strukturen und auch ihre Tante gewährte Mara ein hohes Maß an Freiheiten, da sie dem oppositionellen Verhalten der Nichte wenig entgegenzubringen vermochte. Entsprechend erachtet Mara das Regelwerk der Wohngruppe an vielen Stellen als »sinnlos« und übertritt dieses folglich immer wieder. Insbesondere die Einhaltung von Ausgangszeiten und der regelmäßige Schulbesuch bereiten ihr Schwierigkeiten. Das häufige Zuspätkommen in der Gruppe sowie die Abgängigkeiten über eine oder mehrere Nächte führen zu Konflikten mit den Fachkräften und erschweren den Beziehungsaufbau. Die familiäre Konfliktsituation kann als Faktor identifiziert werden, welcher eine Destabilisierung Maras und damit auch das Ablenkung verschaffende Fluchtverhalten begünstigt.

Die weiter oben ausformulierten Kräfteverteilungen werden im vorliegenden Schaubild visualisiert. Es zeigt sich, dass viele und ausgeprägte Kräfte zu freundschaftlichen Beziehungen verweisen. Die Schule ist für Mara, so ihre Wahrnehmung, nicht zugänglich. Das Kräfteverhältnis erscheint unausgeglichen zugunsten der Peers. Den alternativen Wirkungsraum sowie die entsprechenden Kräfte hin zu oder weg vom alternativen Wirkungsraum gilt es noch zu erarbeiten.

8 Fall 1: Mara

Beim alternativen Wirkungsraum könnte es sich z.B. um Maras Vorliebe für kreative Aktivitäten handeln.

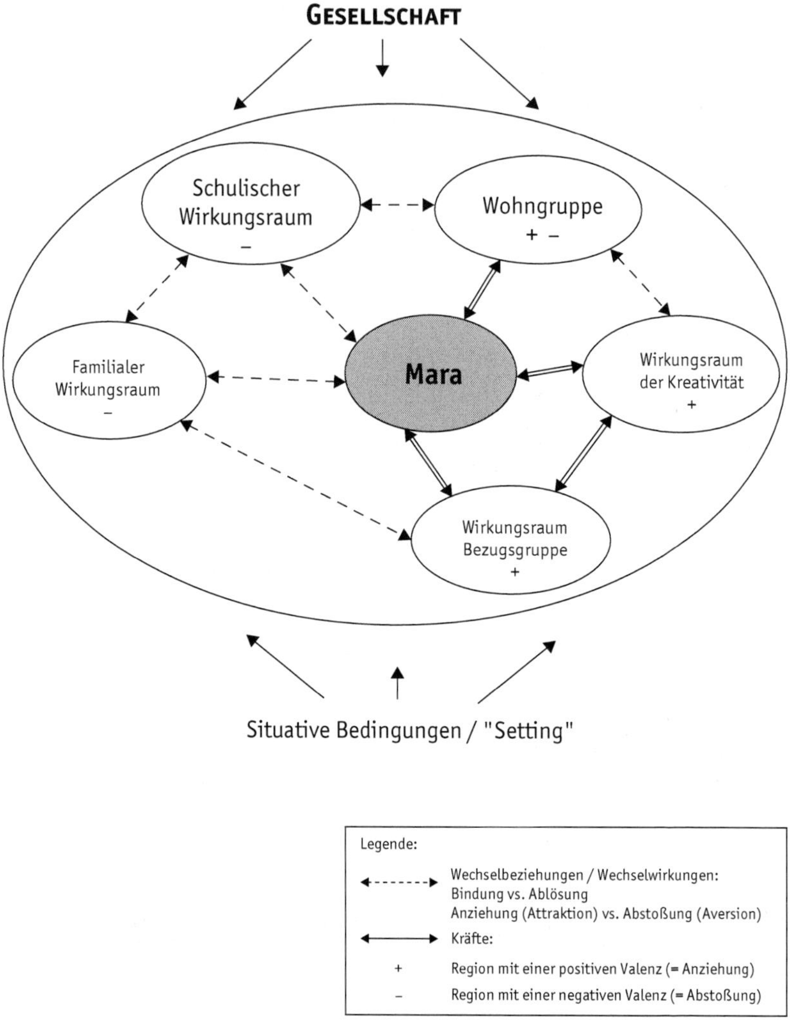

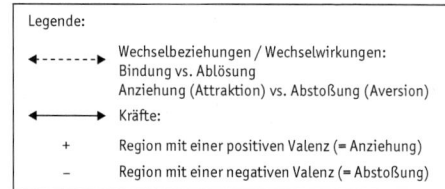

Abb. 5: Feldtheoretische Lebensraumanalyse (Mara)

8.5 Ableitung von Interventionen

Das Ableiten von Interventionen anhand der feldtheoretischen Lebensraumanalyse und der damit einhergehenden Diagnostik der im Lebensraum wirkenden Kräfte bietet nun Ansatzpunkte für die weitere Interventionsplanung. So erscheint es sinnvoll, die zur Schule und Wohngruppe führenden Kräfte zu stärken bzw. neue Kräfte zu schaffen, wobei zum einen Maras ausgeprägtes Bindungsbedürfnis sowie ihr Widerstand gegenüber Regeln und Strukturen zu berücksichtigen sind.

Daraus ergeben sich als Ziele für das weitere Vorgehen:

Tab. 2: Ziele der Interventionen

Was	Wer	Methode
Wirkungsraum Schule		
Stärkung der Attraktivität von Schule	Schule Wohngruppe Beratungsstellen Mara	Gespräche im Dreieck von Schülerin, Lehrkraft, Betreuerin, Verbesserung des sozialen Klimas im Klassenkontext, Erarbeitung von Zukunftszielen, Kooperation mit Beratungsstellen, Konsequenzen für Schulverweigerung
Wirkungsraum Wohngruppe		
Stärkung der Bindung an die Wohngruppe	Wohngruppe Mara	Gespräche zw. Mara und Betreuerin, Partizipative Tagesstrukturierung, Partizipative Aushandlung von Regeln und Strukturen
Wirkungsraum Mara		
Stärkung der Selbstregulationsfähigkeit	Wohngruppe Psychotherapie Mara	Psychoedukation, Erarbeiten alternativer Handlungsmöglichkeiten bei Fluchtimpuls

Die Ziele und deren Methoden werden wöchentlich im Team sowie mit Mara reflektiert.

Umsetzung der Interventionen

Gespräch mit Mara

Frau Bauer versucht, mit Mara Ideen zu erarbeiten, wie ihr der Schulbesuch auf der Oberschule gelingen kann. Mara kann sich nur bedingt darauf einlassen. Für sie steht fest, dass sie die Schule nicht mehr besuchen wird, da sie in dem Schulbesuch eine weitere Gefährdung ihrer eigenen psychischen Gesundheit sieht. Mara stellt heraus, dass es für sie wichtig sei, dass sie zum einen Leute um sich habe, mit denen sie klarkomme, und zum anderen Lehrkräfte habe, die sich nicht willkürlich verhielten. Beides sei an der Oberschule nicht möglich. Weitere Versuche, sich dem Thema über systemische Fragen zu nähern, werden von Mara abgeblockt. Die Möglichkeit eines weiteren Gesprächs in der Schule erachtet sie zwar als wenig zielführend, erklärt sich jedoch bereit, an diesem teilzunehmen. Zum Schluss werden Handlungsmöglichkeiten besprochen für die morgendliche Situation, wenn Mara das Gefühl hat, die Schule nicht besuchen zu können. Mara erklärt, dass sie nur zu Freundinnen gehe, da von der Wohngruppe erwartet wird, morgendlich das Haus zu verlassen. Sie wisse schon direkt beim Aufstehen, dass sie nicht zur Schule gehen werde. Es wird überlegt, was sie stattdessen tun kann, wenn sie weiß, dass sie die Schule nicht besuchen wird:

- Aufstehen
- Die diensthabende Betreuerin/den diensthabenden Betreuer informieren
- Arztbesuch: Krankschreibung
- Erledigen von Schulaufgaben und Diensten in den Morgenstunden

Die in den Morgenstunden zu erfüllenden Aufgaben sollen im Rahmen eines Wochenplanes verbindlich festgehalten werden, damit sie für alle Betreuerinnen und Betreuer transparent sind. Es wird eine Regelung für die Ausgangszeiten getroffen, sodass Mara sich in den Nachmittagsstunden trotz nicht erfolgten Schulbesuchs mit ihren Peers verabreden kann. In ihren Diensten reflektiert Frau Bauer den Wochenplan mit Mara und passt ihn gegebenenfalls an, damit Mara von den zu bewältigenden Aufgaben gefordert, aber nicht überfordert wird. Da Mara sich offiziell für die Schule krankschreiben lässt, werden mit ihr die Möglichkeiten und Chancen einer psychiatrischen und psychotherapeutischen Anbindung thematisiert. Eine ambulante Psychotherapie kann Mara sich vorstellen, einem teilstationären Setting im Rahmen einer Tagesklinik steht sie kritisch gegenüber. In weiteren Gesprächen gilt es, mit Mara Maßnahmen zur Selbstregulation zu erarbeiten. Dabei soll Bezug auf alltägliche Situationen genommen werden, die entweder als emotional belastend erlebt werden oder denen aufgrund des regelwidrigen bis delinquenten Verhaltens eine hohe Relevanz beikommt.

Gespräch mit der Klassenlehrerin

Es wird ein weiteres Gespräch mit der Klassenlehrerin vereinbart, an dem auch Mara teilnehmen soll. Diese erscheint jedoch an dem Tag nicht in der Schule und bleibt dem Gespräch fern. Das Ziel des Gesprächs besteht darin, zu überlegen, ob und inwiefern eine Anbindung Maras in der Klasse möglich ist. Ferner sollen die erarbeiteten Alternativen zum Regelschulbesuch bewertet werden.

Maras Klassenlehrerin sieht für sich kaum Möglichkeiten, Mara zu erreichen, da diese die Schule nicht besucht und somit kaum Chancen bestünden, pädagogisch zu intervenieren. Das Problem sei, dass Mara die Schule unter keinen Umständen besuchen wolle, was sich auch daran zeige, dass Mara nicht am Gespräch teilnimmt. Zwischen Frau Bauer und Frau Kraft besteht Konsens, dass Mara im Rahmen der Regelschule zum aktuellen Zeitpunkt kaum beschulbar ist. Dennoch werden Ideen gesammelt, wie die Beziehungsangebote in der Schule von den Lehrkräften gestaltet werden können, um Mara zu erreichen. Frau Bauer berichtet diesbezüglich von eigenen Erfahrungen in der Wohngruppe und berät die Klassenlehrerin in Bezug auf den Umgang mit Maras desorganisiertem Bindungsverhalten und mögliche Kommunikationsstrategien. Mara scheint bereits nach kurzer Zeit Beziehungen zu Personen aufzubauen. Sie ist gesprächsbereit und erzählt gerne von sich. Gleichzeitig erscheint sie misstrauisch der anderen Person gegenüber. Auf Aufforderungen, Kritik oder Ähnliches reagiert sie mit Wut, Abwertung der anderen Person und Rückzug. Diese Beobachtungen werden mit der Lehrkraft besprochen, damit diese Maras Verhalten in der Schule einordnen und entsprechend darauf reagieren kann.

Ferner werden Alternativen zur Oberschule erarbeitet, die jedoch vor allem für Maras Altersgruppe rar sind. Frau Kraft teilt mit, dass sie mit der Sonderpädagogin bezüglich eines Fördergutachtens für den Bereich emotionale und soziale Entwicklung gesprochen habe. Ein solches Erstgutachten sei im Alter von 14 Jahren nicht mehr möglich, so die Aussage der Sonderpädagogin. Für eine Schulersatzmaßnahme wiederum ist Mara zu jung: Frau Bauer hat mit dem zuständigen Landkreis telefoniert, welcher mitteilt, dass es für Schülerinnen und Schüler, die noch regelschulpflichtig sind, keine alternativen Maßnahmen gibt. Der angrenzende Landkreis wiederum nimmt in seinen Fördergruppen nur diejenigen auf, die auch dort gemeldet sind. Die Absolvierung eines Dauerpraktikums erscheint aufgrund Maras psychischer Instabilität als nicht umsetzbar. Schwerpunkte weiterer Interventionen werden im häuslichen und psychiatrischen/psychotherapeutischen Rahmen gesehen, wodurch eine Stabilisierung Maras und damit die Wiederherstellung von Schulfähigkeit erreicht werden sollen. Die bisher erfolgten unentschuldigten Fehltage werden dem Schul- und Sportamt gemeldet, sodass ein Bußgeldverfahren erfolgen wird. Das Bußgeld kann auf Antrag in Sozialstunden umgewandelt werden, was sowohl Frau Bauer als auch die Klassenlehrerin für sinnvoll erachten. Die Möglichkeit von Krankschreibungen sowie Vor- und Nachteile werden diskutiert und aufgrund Maras hoher psychischer Belastung als vorübergehende Entlastung in Betracht gezogen. Maras Klassenlehrerin erklärt sich bereit, Aufgaben bereitzustellen, die Mara dann in der Wohngruppe erfüllen kann, damit Mara sich auch dort schulischen Anforderungen stellt und anschlussfähig in Bezug auf den Schulstoff bleibt.

Interdisziplinäre Interventionen

Frau Bauer befürwortet eine interdisziplinäre Vernetzung, um Mara bei der Wiederherstellung eines Gleichgewichts der im Lebensraum wirkenden Kräfte unterstützen zu können. Die Notwendigkeit einer Anbindung an eine Klinikambulanz wird aus mehreren Gründen als relevant betrachtet. Zum einen wurde mit Mara die Möglichkeit von Krankschreibungen thematisiert, durch welche das Fernbleiben vom Unterricht aufgrund einer psychischen Erkrankung legitimiert wird. Damit – so die Einschätzung des pädagogischen Teams – geht eine psychiatrische und/oder psychotherapeutische Behandlung einher, deren Teilziel in der Wiederherstellung der Schulfähigkeit besteht. Zum anderen wird Mara mit der Klinikambulanz langfristig eine Anlaufstelle für den Fall von akuten Krisensituationen geboten. Ferner soll hier die Möglichkeit eines teilstationären Aufenthalts mit Mara thematisiert werden. Sie selbst steht diesem kritisch gegenüber, einen vollstationären Klinikaufenthalt lehnt sie gänzlich ab. Letzterer wurde auch in den Teamsitzungen der Wohngruppe aufgrund der Priorisierung der Anbindung an die Wohngruppe als wenig sinnvoll deklariert. Eine teilstationäre Maßnahme böte jedoch den Vorteil einer engen psychotherapeutischen und psychiatrischen Begleitung ohne Übernachtung, sodass Mara weiterhin eng an die Wohngruppe angegliedert wäre. Zusätzlich kontaktiert Frau Bauer Psychotherapiepraxen für Kinder und Jugendliche sowie die Institutsambulanzen der umliegenden Städte, um zeitnah Termine für ein Erstgespräch zu erhalten. Mara selbst wünscht sich explizit eine therapeutische Begleitung und benennt einen hohen Leidensdruck. Schulersatzmaßnahmen gibt es entsprechend der Koordinierungsstelle für Schulverweigerung des Landkreises für Maras Altersgruppe nicht, sondern erst mit der Vollendung der Regelschulpflicht zum Ende des Schuljahres. Der entsprechende Projektträger der Maßnahme wird von Frau Bauer kontaktiert, damit zeitnah eine Perspektive für das kommende Schuljahr geschaffen werden kann. Um außerdem Anregungen anderer professioneller Fachkräfte zum weiteren pädagogischen Vorgehen zu erhalten, soll Maras Fall im kommenden Kooperationstreffen vorgestellt werden. Insbesondere die Frage nach der Sinnhaftigkeit von Krankschreibungen und dem morgendlichen Verbleib in der Wohngruppe wird in den Dienstbesprechungen häufig kontrovers diskutiert, da dies einen sekundären Krankheitsgewinn darstellen und damit zu einer Verfestigung der psychischen Instabilität führen kann.

8.6 Evaluation und Ausblick

Als Grundlage für die Evaluation wurde weiter oben folgende Frage formuliert:
Welche Veränderungen im Lebensraum lassen sich identifizieren?
Die Evaluation widmet sich also nicht ausschließlich der Frage nach der Reintegration ins Schulsystem, sondern orientiert sich daran, wie sich der Lebensraum durch die Ziele und damit einhergehenden Interventionen verändert. Relevant sind Veränderungen der sozialen und emotionalen Kompetenzen von Mara (wie z.B. der Selbstregulation) sowie der Valenzen (positiv/negativ) unterschiedlicher Wirkungsräume. Bezug wird dabei sowohl auf die Einschätzungen der pädagogischen Fachkräfte der Wohngruppe, involvierte Fachkräfte anderer Institutionen sowie Mara selbst genommen. Neben den qualitativen Aussagen können auch quantifizierbare Informationen wie z.B. die Anzahl der Schulbesuchstage oder die Anzahl der Abgängigkeiten als Parameter hinzugezogen werden. Ausgehend von den Veränderungen im Kräfteverhältnis von Maras Lebensraum können dann die Ziele und Methoden angepasst werden.

8.6 Evaluation und Ausblick

Die Evaluation erfolgt auf zeitlicher Ebene also stets flankierend zu den entsprechenden Maßnahmen und wird einmal wöchentlich im Team und ein- bis zweimal wöchentlich mit Mara besprochen.

Mara ist in der Folge auf eine Berufsbildende Schule gewechselt und hat dort nach einem Jahr ihren Hauptschulabschluss erlangt. (Re-)Traumatisierende Ereignisse in jenem Sommer haben dann jedoch für mehrere Monate zu einer starken emotionalen Destabilisierung Maras geführt. Gleichzeitig lernte sie einen jungen Mann kennen, mit dem sie eine Beziehung einging. Mara zeigte starke Fluchttendenzen weg aus der Wohngruppe und hin zu lustvollen Aktivitäten mit ihrem Partner und anderen Freundinnen und Freunden. Das hielt auch nach den Sommerferien an; ein Schulbesuch war zunächst nicht möglich. Unterstützungsangebote der Wohngruppe konnte oder wollte Mara zu dieser Zeit nicht annehmen und fokussierte sich stattdessen darauf, einen Umzug in ein betreutes Wohnen zu initiieren. Im Herbst stabilisierte Mara sich zunehmend, suchte wieder vermehrt die Beziehung und Unterstützung ihrer Bezugsbetreuerin und äußerte den Wunsch, in der Wohngruppe zu bleiben. Im kommenden Schuljahr möchte sie gerne ihren Realschulabschluss auf einer Berufsschule erlangen. Gleichzeitig erarbeitet sie mit Frau Bauer und der Reha-Beratung der Arbeitsagentur Alternativen, sollte der relativ enge Rahmen der Berufsschule sie überfordern. In der Wohngruppe möchte Mara noch über ihren 18. Geburtstag hinaus bleiben.

9 Fall 2: Ruben

9.1 Ausgangslage

Ruben ist ein 15-jähriger Schüler, der sich in einem längeren Prozess von der Schule distanziert hat und diese seit mehr als einem halben Jahr weitestgehend meidet. Er kommt immer seltener zur Schule – seitdem er im Jahrgang 9 angekommen ist, erscheint er nur noch sporadisch. Verbringt er mal einen Tag oder einige Stunden in der Schule, sitzt er meistens teilnahmslos an seinem Platz und beteiligt sich nur sehr wenig am Unterrichtsgeschehen. Mittlerweile sind seine Lücken so groß, dass er nicht viel beitragen könnte. Waren seine Leistungen bis vor zwei Jahren in den meisten Fächern noch mittelmäßig bis leicht unterdurchschnittlich, so finden sich auf seinem letzten Zeugnis – bedingt durch die Fehlzeiten – nur noch Fünfen und Sechsen. Manchmal nutzt er die Pausen, um Freunde und Bekannte in seiner Klasse und aus weiteren Klassen zu treffen und das auch an Tagen, an denen er gar nicht im Unterricht ist. Die Schule als Ort, Kontakt aufzunehmen und in den sozialen Austausch zu gehen, hat für ihn noch nicht ganz ausgedient. Mehrfach haben die zuständigen Lehrkräfte versucht, ihn zu einem Gespräch über seinen Schulbesuch einzuladen und Lösungsoptionen zu besprechen. Das gelang bisher nur selten und Ruben zeigte sich dabei nur wenig auskunftsfreudig, hörte sich die Problemschilderung aus Sicht der Schule an, sagte kaum etwas dazu und machte einen gleichgültigen Eindruck. Gegenüber der Mutter behauptet Ruben wiederholt, dass er zur Schule gehen würde. Ihr ist jedoch bewusst, dass das oft nicht stimmt. Sie macht sich über die Fehlzeiten Sorgen und auch darüber, dass sie nicht mehr »an ihn herankommt« und kein offenes Gespräch mehr mit ihm führen kann. Er gehe allem aus dem Weg. Ruben ist, was schulische Bildung betrifft, nur noch schwer zu erreichen und zu motivieren.

9.2 Frage-/Problemstellung und methodisches Vorgehen

Aufgrund des nachlassenden Erfolges in der pädagogischen Begegnung mit Ruben und seinem sich fortsetzenden Rückzug aus dem schulischen Leben entsteht bei den pädagogischen Kräften in seinem Umfeld der Wunsch, sich seinen Fall genauer anzusehen und Ursachenforschung hinsichtlich der Entwicklungen und der nicht wirksam werdenden Interventionen zu betreiben. Leitend ist dabei der Gedanke, dass durch ein besseres Verständnis des Falls Rückschlüsse gezogen werden können, die zum einen den weiteren Weg Rubens als auch in der Schule einen passgenaueren Umgang mit zukünftigen Fällen ermöglichen.

Dazu finden Gespräche mit den Lehrkräften und pädagogischen Mitarbeiterinnen sowie mit Ruben und seiner Mutter statt. Diese werden ergänzt durch Beobachtungen aus dem schulischen und häuslichen Alltag wie auch durch Daten aus der Schulakte.

9.3 Biographische Informationen zur Person

Familiäre Situation

Ruben Marat lebt mit seinem kleinen Bruder Leon und seiner Mutter am Stadtrand in einer Drei-Zimmer-Wohnung. Die Mutter ist alleinerziehend, der Vater wohnt nicht weit entfernt, hat aber keinen

Kontakt mehr zu ihnen. Frau Marat ist eine besorgte Mutter und hat sich um ihre beiden Söhne gekümmert. So ist sie auch der Schule gegenüber zuverlässig und wirkt gegenüber ihren Kindern liebevoll und engagiert.

Frau Marat ist selbst im Grundschulalter als Kind von Spätaussiedlern nach Deutschland gekommen. Ohne Kenntnisse der deutschen Sprache, kam sie im zweiten Jahrgang neu in die Klasse und eignete sich im Rahmen des regelhaften Klassenunterrichts und ohne zusätzliche Sprachförderung Deutsch an. Sie arbeitet im Büro einer kleinen Firma in einem anderen Stadtteil. Diese Stelle ist ihr sehr wichtig und so fing sie wenige Monate nach der Geburt eines Kindes wieder an zu arbeiten. Dafür fährt sie jeden Werktag vor sieben Uhr aus dem Haus und kommt erst nach 17 Uhr wieder zurück. Den weiten Weg und die umständliche Anfahrt nimmt Frau Marat in Kauf. Auf den Wegen von und zur Arbeitsstelle wird noch der kleine Bruder in den Kindergarten gebracht und wieder abgeholt.

Zum ersten Praktikum – was eigentlich der Großvater versuchte zu vermitteln, welches Ruben dann aber nicht annahm – hat die Mutter Ruben mit ins Büro genommen. Sie hat einen recht wertschätzenden Vorgesetzten, der sich beim Praktikumsgespräch mit an den Tisch setzte, mit Ruben sprach und ihm sagte, »jeder hat schwierige Phasen in der Schule, ich kann das nachvollziehen, aber versuche jetzt dich wieder darauf zu konzentrieren. Ich würde dir in unserer Firma auch eine Chance geben, aber du brauchst zumindest einen Schulabschluss und eine Aussicht darauf, eine Ausbildung schaffen zu können«. Das war nach Einschätzung aller Beteiligten ein gutes Gespräch. Ruben nahm seine Worte interessiert entgegen und freute sich über das »Angebot«.

Rubens Vater ist kurz nach der Geburt des zweiten Kindes und bevor Ruben an die weiterführende Schule kam eine neue Partnerschaft eingegangen. Er hat eine neue Familie gegründet und ist aus dem Leben der ersten Familie praktisch verschwunden. Anfangs gab es Wochenend-Treffen, aber das ist dann völlig versiegt. Ruben wusste auch nicht so genau, ob er diese Treffen noch wollte. Er fühlte sich in der neuen Familie des Vaters nicht gewollt. Der Vater wurde

9.3 Biographische Informationen zur Person

zu Beginn der Schulzeit in der weiterführenden Schule ab und zu zum Bestrafen geholt, wenn die Mutter den Eindruck hatte, sich gegenüber Ruben nicht durchsetzen zu können. Jetzt tritt der Vater nicht mehr in Erscheinung, über ihn wird nicht gesprochen, weder seitens des Sohnes noch der Mutter.

Zur familiär-häuslichen Situation vermittelt Ruben einen zufriedenen Eindruck. Er hat viele Freiheiten, freien Zugriff auf das Internet, die Spielkonsole und kann viel Zeit außer Haus verbringen. Er hat WLAN in seinem Zimmer und immer Guthaben auf seinem Handy, da es stets aufgefüllt wird. Oft verbringt er sehr viele Stunden ununterbrochen vor dem Bildschirm, was von der Mutter und der Lehrerin als Problem betrachtet wird. In einem Dreiergespräch wurde es thematisiert. Auf die Frage »Was würdest du denn vorschlagen, wie man das ändern könnte?« – hatte er selbst Ideen, wie »Das Handy könnte abends aus dem Zimmer raus« oder »Ich spiele nicht mehr so viel an der Spielkonsole« – »Was würde dir helfen?« – »Wenn die PlayStation nicht mehr da wäre«. Das wurde alles mit der Mutter besprochen und beide waren eigentlich einverstanden, aber es folgten darauf nie Konsequenzen. Man verließ den Tisch dann mit »Okay, so machen wir es« und wenn nachgefragt wurde, war es nie zu einer Durchsetzung gekommen. Mittlerweile ist es so, dass er selbst nur noch sagt, »ich weiß nicht, ist mir auch egal.« Ganz am Anfang, als der Vater noch präsenter war und sich »einmischte«, da sagte er auch einmal, er hole die Spielkonsole ab, wenn sich diesbezüglich nichts ändere. Aber das ist nie passiert und die Initiative des Vaters war ganz schnell weg.

Ruben geht fast jeden Nachmittag schon gegen 14 Uhr mit einem Freund in die Innenstadt, wo er den Tag und Abend mit »Rumgehen«, »Sachen kaufen« und Besuchen im Jugendzentrum verbringt. An diesen Nachmittagen in der Stadt gibt es oftmals Streit und Konflikte sowohl mit bekannten Gleichaltrigen, manchmal auch mit unbekannten Erwachsenen. Ruben sagt, dass er in solchen Situationen in der Gruppe leicht die Nerven verliere und absichtlich Dinge tue, die andere ärgern. Wird er auf sein Verhalten angesprochen, leugnet er und gibt erst später Fehlverhalten zu. Ruben gibt an, häufig erst am späten Abend nach Hause zu kommen oder mitunter nachts nicht nach Hause zurückzukehren (was die Mutter seiner Aussage nach nicht bemerke).

Mittlerweile missachtet Ruben verschiedene Regeln im Haus (z. B. Ausgehzeiten), was aus seiner Sicht kaum noch zu »Stress« im Sinne von erzieherischen Maßnahmen führe. Wenn doch, nimmt er diese Einschränkungen seiner Freiheiten nicht ernst, so dass er sich letztlich doch durchsetzt. Die Erfahrungen, dass er häufig (besonders im Kontext von Konflikten) »ausrastet«, die Mutter und den kleinen Bruder beschimpft, aggressiv reagiert und sich an häusliche Regeln nicht hält, belastet das familiäre Zusammenleben erheblich. Auch beklagt Frau Marat, dass Ruben in seiner Freizeit keinen Hobbies nachgehe, während des Nachmittags ständig unterwegs sei, herumstreune und – so ihre Befürchtung – mit den »falschen Leuten« zusammen sei und dann »auf dumme Gedanken kommt.« Zudem soll sich Ruben an häuslichen Arbeiten beteiligen, was er jedoch verweigert oder nur gegen Bezahlung erledigt. Aufgrund der beobachteten motorischen Unruhe, der Konzentrationsprobleme und der schulischen Probleme beim Lernen hat die Mutter mit Ruben einen Arzt aufgesucht, der ihm das Medikament »Ritalin« verordnete. Die Therapie wurde jedoch nach kurzer Zeit abgebrochen, da eine regelmäßige Einnahme nicht umgesetzt werden konnte. Vor einigen Monaten hatte Frau Marat beim Jugendamt einen Antrag auf Hilfe zur Erziehung gestellt, dem in Form von zwei Stunden sozialpädagogischer Einzelbetreuung (§36 KJHG) entsprochen wurde. Frau Marat ist zwar froh über die Hilfe, hält aber den Umfang der Maßnahme für zu knapp bemessen.

Es macht den Eindruck, dass sich die Schwierigkeiten langsam und sukzessive aufgebaut haben und man jetzt an einem Punkt ist, an dem die Mutter den erzieherischen Einfluss auf Ruben teilweise verloren hat.

Schulische Situation

Ruben wurde im Anschluss an den Besuch eines Kindergartens in die Grundschule eingeschult. Nachdem er diese ohne Klassenwiederholungen durchlaufen hatte, wechselte er zur Oberschule. Ruben ist nun in einer 9. Klasse, die bereits seit zwei Jahren von Frau Koschinski geleitet wird. Sie kennt ihn also noch aus einer Zeit, in der er regelmäßiger am Unterricht teilnahm. Sie berichtet rückblickend, dass es sich bei Ruben um einen aufgeweckten, sympathischen und kommunikationsfreudigen Jungen handelt, vermerkt aber auch, dass sein Sozial- und Arbeitsverhalten oft nicht den Erwartungen entsprach, er einen nachlässigen und wenig engagierten Arbeitsstil pflegte, häufig zu spät zum Unterricht erschien und die Hausaufgaben nur unregelmäßig erledigte. Auch unentschuldigte Fehlzeiten – stunden- und tageweise – hatte er schon in Klasse 7 auf seinem »Konto«.

Nach eigenen Aussagen fühlte sich Ruben in der Schule lange Zeit wohl, besuchte sie meistens regelmäßig und kam mit den Leistungsanforderungen und den Mitschülerinnen und Mitschülern ganz gut zurecht. Dennoch sei ihm bewusst, dass es mit der Klassenlehrerin häufiger Problemsituationen gab, die durch seine Verhaltensweisen angeregt würden. Explizit nennt er »Dazwischenrufen, in der Stunde aufstehen und hin und her gehen, schlimme Wörter sagen« und »andere aus Spaß schlagen.« Er macht deutlich, dass es sich dabei um unpassende Verhaltensweisen handle, weiß jedoch keinen Grund dafür zu nennen.

Ruben provoziert mitunter andere Kinder, versucht, seine Interessen verbal und/oder physisch aggressiv durchzusetzen, und nutzt dabei ausfallende und beleidigende Bemerkungen. Später, wenn sich die Gemüter beruhigt haben, ist er in der Lage, sich auf ein Gespräch über sein Verhalten einzulassen. Dann ist er durchaus offen, zugänglich und reflexiv. Frau Koschinski nimmt an, dass sein Verhalten stark darauf ausgerichtet sei, in der sozialen Interaktion besonders zu wirken und die Aufmerksamkeit auf sich zu richten. Dass die ihm zukommende Aufmerksamkeit dann häufig negativer, aggressiver oder strafender Natur ist, nehme er offenbar in Kauf.

Ruben vermittle, so Frau Koschinski, den Eindruck ständiger Unruhe, innerlicher Aufregung und dabei ständiger Suche nach Reizen, auf die er oftmals unangemessen laut und offensiv reagiere. Insbesondere im Unterricht beeinträchtigt der ständige Bewegungsdrang eine ausreichend intensive Auseinandersetzung mit dem Unterrichtsstoff. Dies wirkt sich v. a. auf Fächer aus, in denen die Schülerinnen und Schüler über größere Bewegungsfreiräume verfügen (z. B. Werken, Hauswirtschaft und Kunst), weil Ruben dann nicht mehr in der Lage ist, das eigene Verhalten zu kontrollieren, und weitgehend vom Unterrichtsthema abdriftet.

Ruben hat bisher nicht gelernt, ein Arbeitsverhalten zu entwickeln, dass seinen schulischen Entwicklungsprozess unterstützt. Er zeigt ausgesprochen große Probleme, sich im Unterricht längere Zeit mit einem Unterrichtsgegenstand zu beschäftigen. Er konzentriert sich lediglich einige Minuten lang auf eine Aufgabe. Ist diese Zeit um, wendet er sich vom Gegenstand ab, hört auf zu arbeiten, guckt dann aus dem Fenster oder sucht nach Mitschülern, die ebenfalls nicht mit dem Unterrichtsgeschehen befasst sind. Ist dies nicht der Fall, spricht er Mitschüler an und lenkt durch Aufstehen vom Arbeitsplatz und lautstarke Kommentare die Aufmerksamkeit auf sich. Er bricht so begonnene Arbeiten ab und verweigert oftmals trotz Aufforderung die Weiterarbeit. Daneben ignoriert Ruben in hoher Frequenz die Melderegeln in der Klasse, d. h., seine Impulsivität drückt sich darin aus, dass er, sobald eine Frage im Raum steht, eine Antwort in die Klasse ruft. Ruben zeigt somit im Unterricht ein Lernverhalten, in dem häufig ein verspäteter Arbeitsbeginn, ein kurzzeitiges Bearbeiten der Aufgabe, ein Abgleiten vom Gegenstand bis hin zur Vermeidung und Verweigerung der Arbeit zu beobachten sind. Diese Strategien sind nach Ansicht von Frau Koschinski vor dem Hintergrund einer ausgesprochen labilen Motivationsstruktur zu betrachten, die bei kleinsten Störungen, einer dauerhaften Beanspruchung, Müdigkeit oder Unpässlichkeit zusammenfällt. Ruben bemerkt hierzu, dass er nur dann etwas tue, wenn er Lust dazu habe.

Sein unüberlegtes, impulsives Verhalten ist nach Aussage von Frau Koschinski immer wieder Ursache von Streitigkeiten, wobei er große Schwierigkeiten zeigt, seine Fehler einzusehen und nachzugeben. Obwohl Ruben – so die Lehrerin – dem Unterricht aufgrund seiner Begabung gut folgen könne und auch neue Lerninhalte relativ schnell erfasse, seien seine Arbeitsergebnisse, bedingt durch sein konfuses Arbeitsverhalten, ungenau und oberflächlich. Hausaufgaben erledigt er häufig gar nicht oder unvollständig und Arbeitsmaterialien sind nicht oder nur lückenhaft vorhanden. Gängige Interventionen wie Einzelgespräche haben bisher zu keinem deutlichen Erfolg geführt.

Seit der Pandemie-Phase ist Rubens Schulbesuch noch unregelmäßiger geworden. Am Anfang der pandemiebedingten Schulschließung bzw. den Zeiten der Teilbeschulung und des Distanzunterrichts hat er einige Male per Smartphone nachgefragt, wann denn am kommenden Tag Schule sei. Die Lehrkräfte haben aufmunternd und herzlich zurückgeschrieben. Am digitalen Unterricht hat er sich jedoch nie beteiligt. Dass er sich meldet, ist aber weniger geworden. Ruben verspricht zwar, dass er kommt, erscheint dann aber nicht in der Schule. Die Wiederaufnahme des Präsenzunterrichts nach den Schulschließungen ist ihm nicht gelungen.

Ziele, Kräfte und Barrieren im aktuellen Lebensraum

Die Interpretation des Falles Ruben im Lichte der Feldtheorie führt zu recht klaren Befunden. Die Verweigerungshaltung gegenüber der Schule spiegelt die Aversion: Er hat nach langer Zeit der Auseinandersetzungen und Fehlschläge resigniert und glaubt nicht mehr daran, dass die Schule in seiner Biografie eine entscheidende Rolle spielt. Er kann mit dem schulischen Unterricht nichts mehr anfangen, erwartet auch von dort nichts mehr und distanziert sich mental wie auch körperlich. Daneben hat er sich im letzten Jahr zunehmend von seiner Mutter abgewandt. Die einst liebevolle Beziehung ist abgekühlt, er ist kaum noch zugänglich, was Frau Marat schwer zu schaffen macht. Ruben hat seine Aufmerksamkeit und Zuwendung von der Schule und Familie weitgehend abgezogen und dafür die Gruppe der Gleichaltrigen in den Mittelpunkt gerückt. Hier findet er Verständnis und wohl auch Anerkennung. Im feldtheoretischen Kontext wird transparent, dass im Falle von Ruben sich die Relationen der Beziehungen und verhaltensbezogenen Kräfte im Feld verzogen haben und unbalanciert erscheinen, der Schüler sich von der Schule abgestoßen fühlt, weit entfernt hat und auch die Familie in erheblicher Distanz zu ihm lebt. In diesen Wirkungsräumen sind Bindungen verlorengegangen, andere im Bereich der Peers wurden neu etabliert. Die subjektive Valenz und damit die regionale Attraktivität im Feld ist dem alternativen Wirkungsraum eigen, der statt Schule am Vormittag aufgesucht wird, und auch dem sozialen Wirkungsraum der Peers. Der Einblick in diesen Wirkungsraum ist jedoch nur in Ansätzen vorhanden. Schulvermeidende Verhaltensweisen können als Lösungsversuch für verschieden gelagerte Konfliktsituationen betrachtet werden, wenn zwischen diversen Kräften eine Hinwendung zu positiv erlebten Aktivitäten (soziale Zeit mit Peers) und gleicherweise einer Abwendung von der Schule (als negativ erlebten Ort) resultieren. Vielfach liegt eine Doppelmotivation vor, negativ besetzte Orte zu meiden und sich positiven zuzuwenden (Ricking & Hagen, 2016).

9.3 Biographische Informationen zur Person

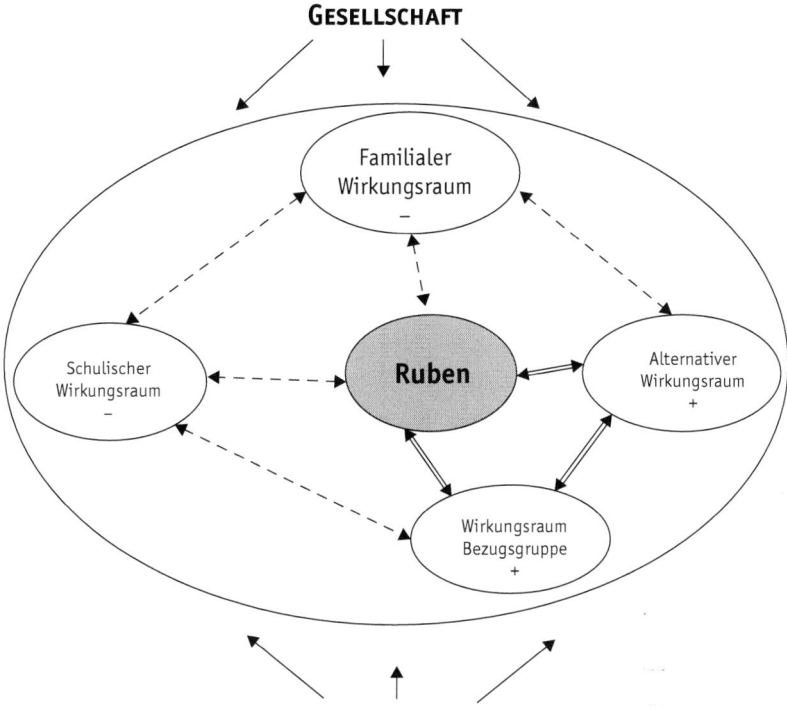

Abb. 6: Wirkungsfaktoren bei der Entwicklung von unterrichtsmeidenden Verhaltensweisen am Beispiel Ruben

9.4 Pädagogische Falleinschätzung

Bei Ruben handelt es sich um einen Schüler, der leicht zu Lehrkräften sowie Mitschülerinnen und Mitschülern Kontakt findet. Das heißt, er sucht Anschluss, redet viel und gerne und fühlt sich bei den Mitschülerinnen und Mitschülern gut aufgehoben. Dabei ist er in der Schule recht beliebt und hat viele Freunde in der Klasse, mit denen er im Alltag zumeist gut auskommt. Vor diesem Hintergrund ist gut erklärbar, warum er, wenn er zur Schule kommt, das v. a. aus sozialen Gründen tut.

Mit Misserfolgen kann Ruben allerdings nicht gut umgehen bzw. in Situationen mit erwartbaren Schwierigkeiten begibt er sich gar nicht. Anzeichen zu diesen Meidungsmustern waren schon in der 7. Klasse erkennbar, wenn er gehäuft bei Leistungskontrollen nicht anwesend war. Die Pädagoginnen sind sich einig, dass Ruben bereits eine lange Erfahrung damit hat, unliebsamen Ereignissen aus dem Weg zu gehen. Meidung ist bei ihm ein Verhaltensmuster, dass schon generalisiert wurde und auch in anderen Situationen als der Schule genutzt wird. So kann man bei ihm von einer Vermeidungsmotivation sprechen. Bei vermeidungsmotivierten Menschen wird ein Verhalten durch zu erwartende negative Ereignisse ausgelöst und oftmals eine mögliche Aktivität im Sinne einer Meidung unterlassen. Die Vermeidungsmotivation beschreibt folglich die Verhaltenstendenz, Misserfolge und negative Resultate zu vermeiden. Dies wird deutlich, wenn ein Mensch sehr vorsichtig und sorgfältig handelt und er danach strebt, Risiken zu umgehen und negative Resultate zu verhindern. Somit kann Vermeidungsmotivation nützlich sein, um drohenden Gefahren zu entkommen. Die dadurch entstehende Passivität erweist sich jedoch in vielen Situationen als ungünstig und nicht zielführend, denn alltägliche Aufgaben erfordern vielfach ein aktives oder offensives Vorgehen und implizieren das Überwinden von Barrieren und das Lösen von Problemen. Schule ist ein typisches Handlungsfeld, in dem genau diese Verhaltensqualitäten gefordert werden. Es ist aus Sicht der Pädagoginnen plausibel anzunehmen, dass im Rahmen der Handlungsmuster rund um Rubens Schulabsentismus die Vermeidungsmotivation eine beträchtliche Rolle spielt. Doch das Vermeiden sorgt nur kurzfristig für Befriedigung: So treten beim Schulschwänzen im Kontext der Vermeidungsmotivation negative Begleiterscheinungen auf, wenn es um Tätigkeiten oder Aufgaben geht, die notwendig sind und erwartet, aber von der Person gemieden werden. Ruben merkt selbst, dass er sich durch sein Verhalten schadet, das subjektive Wohlbefinden senkt und die Leistung schmälert. Bei meidungsmotivierten Menschen kommt der Aspekt einer selbstwertschädlichen Attribuierung hinzu, sodass Misserfolg mit mangelnden Kompetenzen und Erfolg mit Zufall erklärt wird. In gewisser Weise versucht Ruben, sich selbst zu schützen. Wenn er die Anstrengungen gänzlich meidet, wenn Scheitern droht, dann stellt er sich nicht der Gefahr, sich schwach und unzulänglich zu fühlen. Diese Vermeidungsmotivation hat sich bei Ruben schon zu einer relativ stabilen Disposition entwickelt, die immer wieder durch Umgebungsreize ausgelöst wird. Es ist unübersehbar, dass die Vermeidungsmotivation mit einer Vielzahl von Prozessen verbunden ist, die nachteilig für die persönliche Leistung und das individuelle Wohlbefinden sind. So sollte Ruben immer wieder Möglichkeiten der Annäherungsmotivation erfahren, denn dieser motivationale Ansatz ist auch in der Schule zumeist adaptiv, führt zu besseren Leistungen sowie Wohlbefinden.

9.5 Ableitung und Umsetzung pädagogischer Interventionen

In der Schule findet angesichts der festgefahrenen Situation ein Round-Table statt, an dem die Klassenlehrerin, eine Schulsozialarbeiterin und eine Sonderpädagogin teilnehmen. Die Schulleitung ist durch den Abteilungsleiter vertreten. In der Beratung wird die Situation von Ruben eingehend besprochen, sodass die Bestandteile der aktuellen Situation in Bezug auf die Schule benannt und bewertet werden. Man ist sich einig, dass es derzeit einen »tiefen Graben« zwischen Ruben und der Schule gibt und die Handlungsmöglichkeiten der Schule nicht ausreichen, um den individuellen Bedarfen Rubens zu entsprechen. Andererseits gibt Ruben keine Anzeichen, auf die Schule zuzugehen. Auch seine Beziehung zur Mutter ist derzeit problematisch. Mögliche positive Impulse von ihrer Seite werden von ihm nicht angenommen. Klar ist, wenn nichts geschieht, wird Ruben in absehbarer Zeit die Schule ohne Abschluss verlassen. Kritisch hinterfragen Frau Koschinski und ihre Kolleginnen, ob es besser gewesen wäre, schon vor zwei bis drei Jahren Maßnahmen zu ergreifen, als schon problematische Verhaltensweisen erkennbar waren, die Situation pädagogisch aber noch offener und veränderbarer war. Sie müssen sich eingestehen, dass es im Fall von Ruben bereits spät ist.

Sie wenden sich der Frage der Zielstellung zu. Für Ruben ist es zentral, wieder einen Zugang zum Lernen zu finden, sodass ein Schulabschluss und die Aussicht auf einen Ausbildungsplatz realistisch werden. Dazu muss er sich für Lernsituationen öffnen, Vertrauen schöpfen und pädagogische Beziehungen eingehen. Er benötigt somit ein intensives pädagogisches Setting, in dem auf seine Problemlagen eingegangen werden kann und das Scheitern der Vergangenheit nicht im Mittelpunkt steht. Also ein Feld, in dem sich die Pädagoginnen und Pädagogen an den Fähigkeiten und vorhandenen Kompetenzen der Kinder und Jugendlichen orientieren und eine Individualisierung des Unterrichts möglich ist. Auf der Grundlage von Vertrauen und Respekt können weitere, aufbauende Schritte angegangen werden wie das gemeinsame Planen der Zukunft, das Formulieren von realistischen Perspektiven und allgemein die Vorbereitung auf die Zeit nach dem Projekt.

Ein neues schulisches Umfeld

Da die Lösungsversuche der Schule und der Jugendhilfe zu keiner Verbesserung der Lage geführt haben und sowohl Lehrkräfte wie auch die Vertreterinnen der Schulsozialarbeit »ihr Pulver verschossen haben«, gehen die Überlegungen dahin, für Ruben einen annehmbaren Rahmen zum Lernen zu finden und damit einen adäquaten (Förder-)Ort. Für viele chronisch schulmeidende Jugendliche ist ein solcher Ort außerhalb der bestehenden schulischen Institutionen zu finden; so etwas wie ein »neutraler Ort« soll es den Schülerinnen und Schülern erleichtern, den Weg zurück zum Lernen zu finden. In vielen Städten gibt es mittlerweile Einrichtungen alternativer Beschulung, in denen intensive Pädagogik möglich ist und individualisiert Unterricht sowie außerunterrichtliche Förderung oft durch Sonder- und Sozialpädagogen und -pädagoginnen wie auch weitere Professionen umgesetzt wird. Die Bedürfnisse der Jugendlichen zielen auf eine beziehungs- und bindungsintensive Interaktion und oft einen eher unkonventionellen Unterricht, der möglichst gar nicht als Unterricht erscheint. Das Projekt »Die Weiche« hat sich einen Standort auf einem ehemaligen Bauernhof am Stadtrand gewählt und erinnert nicht im Geringsten an eine Schule. Es verfügt über zehn Plätze für Jugendliche ab zwölf Jahren, die erhebliche Probleme mit dem regelmäßigen Schulbesuch aufweisen. In der Regel kommen weitere Problemlagen hinzu, z. B. Förderbedarfe im Lernen. In dieser Hinsicht ist Ruben keine Ausnahme. In der Arbeit mit diesen Jugendlichen ist es aus pädagogischer Sicht maßgeblich, ihre Lernmotivation zu fördern und sie somit erneut erzieherischen Einflüssen zu öffnen – die Heranwachsenden müssen allerdings selbst wollen und sich bereit erklären mitzumachen, so Frank Thun, pädagogischer Leiter der »Weiche«.

Eine Kollegin von Herrn Thun ist die Sozialpädagogin Frauke Weichert, die es als ihre Aufgabe versteht, mit den Kindern und Jugendlichen an Lebensproblemen zu arbeiten, die einer positiven Entwicklung im Wege stehen. Es sollen Perspektiven für die Einzelnen geschaffen werden, v. a. in Bezug auf die private Lebensführung und die berufliche Integration. Die sozialpädagogische Arbeit findet in Gesprächsrunden oder Einzelgesprächen, in Förderplanbesprechungen und Kriseninterventionen statt. Daneben wird Unterricht angeboten, der zumeist fächerübergreifend, projektartig und mit starker

Lebensweltorientierung umgesetzt wird. Dabei verfügt jeder Schüler und jede Schülerin über einen mobilen Computer, an dem ein individuell zugeschnittener Wochenplan zu bearbeiten ist. Großer Wert wird im unterrichtlichen Bereich auf die individuellen Lern- und Lehrpläne gelegt, die einen differenzierten Unterricht bedingen. Ziel ist bei fast allen Schülerinnen und Schülern, in Einzel- oder Kleingruppenarbeit das Lernen (wieder) zu erlernen, Wissenslücken zu füllen und neue Fähigkeiten zu entdecken und zu entwickeln. Gekoppelt wird der Unterricht mit der berufs- bzw. werkpädagogischen Arbeit. Unter Anleitung von Herrn Albrecht, Sonderpädagoge und Werk- und Techniklehrer, geht es um die Vermittlung handwerklicher Grundlagen, das Entdecken von Interessen und Kompetenzen sowie die Vorbereitung auf den Übergang in das Berufsleben. Die »Weiche« ist diesbezüglich gut ausgestattet und bietet eine Holz- und eine Metallwerkstatt. Auch künstlerische oder hauswirtschaftliche Schwerpunkte werden in den Unterricht integriert, sodass Handlungsorientierung wie auch Praxis- und Lebensnähe in der Arbeit hervorstechen. In dieser pädagogischen Rahmung können Kinder und Jugendliche, die sich vom schulischen Lernen abgewandt haben, Kompetenzen und Interessen entwickeln, Erfolgserlebnisse machen und wieder Motivation spüren. Herr Thun, Frau Weichert und Herr Albrecht betonen, dass ihre Jungen und Mädchen trotz mehrdimensionaler Belastungslagen und seelischer Nöte immer wieder zeigen, dass sie lernen wollen und bereit sind, auf der Basis gegenseitiger Akzeptanz mit Pädagoginnen und Pädagogen zu arbeiten. Diese Einrichtung hat einen Platz für Ruben zum nächsten Monatsanfang frei und ist für ihn innerhalb einer halben Stunde per Fahrrad oder mit dem Bus zu erreichen. Es ist nicht zu verkennen, dass diese Option für Ruben eine große Chance der Wiedereingliederung in schulische Zusammenhänge darstellt. Alternative Beschulungseinrichtungen dieser Art erzielen mitunter noch Erfolge, selbst wenn sich schulaversives Verhalten schon relativ tief verwurzelt hat.

In einem Gespräch in der folgenden Woche unterbreitet die Klassenlehrerin Ruben und seiner Mutter die Empfehlung des Besuchs des alternativen Beschulungsprojektes »Die Weiche«. Sie betont dabei die

Möglichkeit des Neustarts, die ganz anderen Formen des Lernens wie auch die Aussicht auf einen Schulabschluss. Ruben ist wie so häufig zunächst skeptisch und zurückhaltend, willigt aber ein, sich das Projekt mit der Mutter mal anzuschauen, was zwei Tage später auch passiert. Frau Marat nimmt sich dafür einen halben Tag Urlaub und die beiden sind um 9.30 Uhr mit dem Leiter der Einrichtung, Herrn Thun, verabredet. Nach einem einführenden Gespräch bei Kaffee und Limonade erläutert Herr Thun die Eckpunkte der Arbeit.

Er macht deutlich, dass sowohl ein verstehendes, emotional warmes Milieu wie auch eine klar artikulierte Regelstruktur notwendig sind, um die gesetzten Ziele wie einen Schulabschluss zu erreichen. Es geht bei den meisten Jugendlichen darum, der bereits vollzogenen schulischen (und oft auch sozialen) Ausgliederung und Entkopplung entgegenzuwirken und einen systematischen Lernprozess im Alltag zu etablieren. Daneben geht es um den Abbau von Lerndefiziten und Versagensängsten, den Aufbau von Lernmotivation, sodass von einer gesicherten Lernbasis aus der notwendige Unterrichtsstoff nachgeholt werden kann und die Kulturtechniken gefestigt werden. In diesem Kontext ist auch die Entwicklung bedeutsamer Einstellungen und Verhaltensmuster zur Bewältigung von schulischen und sozialen Anforderungen zu berücksichtigen. Schließlich geht es auch um eine emotionale Stabilisierung der Heranwachsenden im Kontext eines positiven Selbstkonzepts und realistischen Selbstbildes. Ruben stellt sich der Herausforderung und nimmt das Angebot der alternativen Beschulungseinrichtung nach der Besichtigung des Lernortes an und unterschreibt auch schon einen (pädagogischen) Vertrag. Später legt er offen, dass ein Umstand seine Entscheidung erleichtert und beschleunigt hat: Sein »Kumpel« Nils, den er aus der Stadt kennt, ist auch Schüler im Projekt. Aus der Sicht von Herrn Thun ist schon das erste Ziel erreicht: Es ist wieder ein pädagogischer Zugang eröffnet, eine Voraussetzung für die (Re-)Integration in Bildungseinrichtungen und die Teilhabe an gesellschaftlichem Leben.

9.6 Evaluation und Ausblick

Wohin der Weg Ruben in der »Weiche« führen wird, bleibt abzuwarten. Er ist dort angekommen und hat die ersten Wochen weitgehend ohne Fehlzeiten im Projekt verbracht. Frau Marat ist glücklich über den Erfolg, hat aber auch Bedenken hinsichtlich des Schulabschlusses, der in einer externen Prüfung besteht. Eine Rückführung in seine Stammschule, die bei jüngeren Schülerinnen und Schülern als Zielstellung in Betracht gezogen wird, ist im Falle von Ruben nicht mehr umsetzbar und wohl auch nicht sinnvoll. Nach Aussage von Herrn Thun zeigen die Schülerinnen und Schüler oftmals starken Widerstand gegen eine Rückkehr in die vormalige Schule oder auch in eine andere Schule. Statt einer Rückführung in die Regelschule schlägt er eine begleitete Integration in den beruflichen Bereich vor. Berufsorientierung und Übergangshilfen in die Berufsausbildung durch ambulante Betreuung werden geboten.

Etwa vier Wochen nach dem Wechsel in die »Weiche« findet ein erstes Lagegespräch zwischen Ruben, seiner Mutter, Frau Koschinski und Herrn Thun statt. Zufriedenheit bei allen Beteiligten über Rubens erfolgreiche Ankunft im neuen schulischen Umfeld wird zum Ausdruck gebracht. Ruben selbst hat allerdings, so äußert er sich, gar nicht den Eindruck, als handele es sich um eine Schule. Klar, auch dort müsse man wie im Unterricht lernen und am Rechner finde auch so etwas wie Stillarbeit statt, der Tag verlaufe jedoch ganz anders als in der Schule, die er zuvor erfahren hat. Morgens um 8 Uhr kommen alle zusammen, wer möchte, kann noch etwas trinken oder essen, dann erfolgt der computergestützte Einzelunterricht. Jeder und jede arbeitet bis 10 Uhr am eigenen Plan und wenn Fragen aufkommen, ist stets jemand von den Erwachsenen da, der oder die unterstützen kann. Ruben hat mit Herrn Thun abgesprochen, dass er kurze Pausen einlegen kann, wenn die Konzentration nicht mehr reicht. Nach der Pause gegen 11 Uhr erledigen die Schülerinnen und Schüler nach einem Plan in Tandems zumeist praktische Aufgaben in der Holz- oder Metallwerkstatt, im Garten oder bei den Hühnern, die gefüttert werden müssen. Die Lehrkraft versucht, dabei so oft wie möglich Brücken zu bauen zwischen dem Theorieunterricht und den praktischen Tätigkeiten, sodass die Flächenberechnung, die gerade Thema in Mathematik ist, an der Wandfläche geübt werden kann, die zu streichen ist. Mitunter sind diese beiden Phasen nicht so deutlich voneinander zu trennen, da während des Unterrichts am Laptop die Werkstatt besucht werden muss oder in den arbeitsorientierten Lernzeiten der Rechner hochgefahren wird. Nach seinen bisherigen Erfahrungen ist es diese Struktur des Tages, die Ruben in besonderer Weise entgegenkommt: »Keine langweiligen Stunden, es ist immer etwas Interessantes los und die meisten Sachen machen Spaß.« Dieser Einblick in die schulische Biografie Rubens offenbart einerseits eine große Ferne zur Schule, andererseits jedoch sehr wohl die Bereitschaft und den Willen zum Lernen. Jugendliche wie er haben die Erfahrung gemacht, dass die Schule für sie dazu nicht ein geeigneter Raum ist und sie ein anderes Umfeld benötigen, um nachhaltige Fortschritte zu machen. Daher ist es nach wie vor wichtig, alternative Formate der Beschulung vorzuhalten und weiterzuentwickeln.

10 Fall 3: Stefan

10.1 Ausgangslage

Stefan ist zehn Jahre alt und befindet sich in der vierten Klasse einer zweizügigen Grundschule einer mittelgroßen Stadt. Er ist einer der Jüngsten der Klasse, unterscheidet sich aber körperlich nicht von den Mitschülern. Er ist sportlich immer aktiv, hat ein oder zwei Freunde in der Klasse. Auch seine schulischen Leistungen sind konstant gut: Er ist ein cleverer und guter, aber auch ein bequemer Schüler, der meistens nur das Nötigste macht. Aber eigentlich, so Frau Berndt, die Klassenlehrerin, »bringt er eine ganze Menge mit«. Die guten Leistungen spiegeln sich auch in entsprechenden Noten wider. Zu Beginn des vierten Schuljahres ändern sich seine schulischen Verhaltensmuster. Er zieht sich mehr als sonst zurück, zeigt kein Interesse mehr am Unterricht und ist oft schlecht gelaunt. Er ist nicht mehr motiviert und fehlt schließlich häufig. Zwar hat Stefan schon seit der Kindergartenzeit erkennbare Probleme mit der Emotionsregulation, doch diese Heftigkeit ist überraschend. Emotionsregulation ist eine Kompetenz, die einer Person erlaubt, den eigenen Gefühlszustand zu erkennen und, wenn nötig, zu verändern. Das erste Mal fehlt er vor den Herbstferien, was von den Lehrkräften noch nicht als sehr problematisch angesehen wird. Nach den Ferien versäumt er wieder mehrere Tage. Frau Berndt beschreibt einen schleichenden Prozess, über dessen Ausmaß sie sich am Anfang nicht bewusst gewesen war.

Familiäre Situation

Stefan Müller wohnt mit seinen leiblichen Eltern und seinen zwei Schwestern in ländlicher Gegend in einem Einfamilienhaus. Andrea,

Stefans Schwester, besucht die zweite Klasse. Die zweite Schwester Wiebke hat gerade ihren Realschulabschluss gemacht. Frau Müller übernimmt die Arbeiten als Hausfrau und die Aufgaben der Erziehung, der Vater arbeitet als Kraftfahrer. Das Familienleben macht einen relativ harmonischen Eindruck, es gibt nur selten Streit. Herr und Frau Müller haben sich engagiert, ihren Kindern eine gute Entwicklung zu ermöglichen. Schule und Sport waren dabei wichtige Bausteine. So hielten sie immer relativ engen Kontakt zu den Lehrerinnen und Trainern, gaben sich gesprächsbereit und hielten sich an vereinbarte Absprachen. Für Stefan ist seine Mutter eine zentrale Bezugsperson in seinem Leben. Zu ihr hat er eine sehr innige, liebevolle Beziehung. Während er mit seinem Vater nur kurze, oberflächliche Gespräche führt, kontaktiert er seine Mutter mit allem, was ihn beschäftigt. Er ist nach einer Beschreibung der Mutter immer schon ein eher in sich gekehrtes Kind gewesen, das sich gerne in vertrauten Situationen dem Spiel hingab. So verbringt er die Nachmittage überwiegend allein zuhause und spielt dann gerne mit seinen Katzen. Zu Beginn der vierten Klasse traten zuhause Erziehungsschwierigkeiten auf, da Stefan vermehrt aggressive Ausbrüche zeigte, herumschrie und Stühle umwarf, ohne dass ein verständlicher Anlass dafür bestanden hätte. Die Mutter erinnert sich, wie sie sich in dieser Zeit überfordert und hilflos mit der ganzen Situation gefühlt hat.

In Bezug auf das morgendliche Wecken berichtet Frau Berndt: *»Er (Stefan) hat auch erzählt, dass er sich immer sehr schwertut, morgens aufzustehen. Da wirklich hoch zu kommen. [...] Seine Mutter versucht ständig, ihn morgens aus dem Bett zu zerren, aber es gelingt ihr nicht.«* In dem Gespräch mit Frau Müller wird deutlich, dass diese Streitsituationen auch verbal sehr aggressiv verlaufen: *»Das schaukelt sich bei uns beiden dann so hoch. Und ich geh dann leider Gottes auch gleich hoch. Er geht hoch... tja. Das ist manchmal schlimm«.*

In dieser Zeit begann es auch, dass Stefan wiederholt versuchte, seine Mutter zu bedrängen, ihn in der Schule aus fingierten Gründen zu entschuldigen: *»Ja gut, das war immer mal so zwischendurch. Mal ein Tag, wo er sagte, ich habe Kopfschmerzen. Wo ich anfangs dachte, na, sind's Kopfschmerzen oder hat er keinen Bock? [...] Und da hab ich gesagt: na gut,* mal so einen Tag. Ich hab's auch gemacht, wer hat's nicht gemacht? Richtig an fing es nach den Herbstferien: Mama, ich hab so Kopfschmerzen, kann ich heute nochmal zuhause bleiben? Und ich war ein bisschen im Stress, das muss ich selber zugeben, und hatte nicht viel Zeit zu diskutieren und er weiß ja ganz genau, wie er mich um den Finger wickeln kann. Und da hab ich gesagt: Ok, aber nur heute. Und dann zog sich das bis zu 6 Wochen hin, dass er dann überhaupt nicht zur Schule gegangen ist.«

Gelegentliche von ihr entschuldigte Fehlzeiten gingen dabei in eine massive Verweigerungshaltung über. Seine Fehlzeiten verbrachte Stefan ausschließlich zuhause und das war nicht selten langweilig. Häufig schaltete er den Fernseher ein oder spielte mit Lego-Bausteinen. Dass sein schulverweigerndes Verhalten lange unbemerkt bleibt, liegt auch daran, dass Frau Müller ihn so lange wie möglich aufgrund von angeblicher Krankheit entschuldigt. In Telefonaten auf Initiative von Frau Berndt berichtet Frau Müller von verschiedenen (erfundenen) Erkrankungen, an denen Stefan angeblich leide und die zur Begründung der Fehlzeiten herhalten mussten. Als die Klassenlehrerin daraufhin eine Krankmeldung vom Arzt verlangt und diese ausbleibt, ist schließlich klar, dass Stefan ohne einen legitimierten Grund von der Schule fehlt und weitere Schritte folgen müssen: »Und dann hab ich aber darauf gepocht, dass da ärztliche Atteste vorgelegt werden. Und die kamen nicht«.

Im Nachhinein stellt sich heraus, dass Frau Müller sich selbst unter Druck setzte, weil sie sich und ihren Verwandten, vor allem ihren Eltern beweisen wollte, dass sie die Kinder problemlos großziehen kann – nach dem Motto: »Wenn das Jugendamt kommt, dann habe ich verloren.« Es war für sie der größte Antrieb, das abzuwenden. Entsprechend entschließt sich Frau Müller auch, niemandem von Stefans Schulverweigerung zu erzählen: »Es wusste auch von dieser Schulverweigerei [...] keiner, außer Stefan und ich.« Auch dem Vater war nicht bewusst, dass sein Sohn schon viele Wochen die Schule nicht mehr besucht.

Schulische Situation

Stefan wurde altersgerecht in der Grundschule ohne Rückstellung eingeschult. Dabei war dieser Punkt im Vorfeld durchaus unklar: Aus jugendärztlicher Sicht ist Stefan im Rahmen der Einschulungsuntersuchung zwar als schulfähig erklärt worden, der Amtsarzt gab jedoch zu bedenken, dass zur Einschulung eine sozial-emotionale Stabilisierung wünschenswert sei. Dennoch durchlief Stefan die ersten drei Jahre ohne Wiederholungen und wird als zurückhaltend und oft unsicher beschrieben. Nach den Feststellungen von Stefans Klassen- und Fachlehrkräften erbringt Stefan in den einzelnen Fächern zumindest durchschnittliche Schulleistungen. Er ist ein intelligenter Schüler mit schneller Auffassungsgabe, der bei einer stabileren emotionalen Lage durchaus höherwertige Leistungen erreichen könnte. Stefans Lernvermögen wird so durch seine Verhaltensproblematik deutlich beeinflusst. Aus dem Bericht der Klassenlehrerin Frau Berndt: »*Stefan stößt sich zu oft an Kleinigkeiten (er kann eine Aufgabe nicht lösen, weiß nicht wie er weiterschreiben soll, ein Buchstabe ist nicht schön genug, ...) und reagiert mit Weinen und Verzweiflung. Des Öfteren muss der Unterricht unterbrochen werden, da Stefan sich nicht beruhigen kann. Seine Gefühlslage ist sehr wechselhaft.*« Stefan lässt sich in diesen schwierigen Momenten kaum beruhigen. Insgesamt zeigt er sich nur sehr bedingt ansprechbar, antwortet nicht auf Fragen oder lediglich monoton und gereizt mit »keine Ahnung«. In Gesprächen vermeidet er Augenkontakt und blickt zumeist vor sich auf den Boden. So gerät er beispielsweise ständig unter Druck, wenn er Zweifel bei der genauen Schreibweise eines Wortes hat oder einen Sachverhalt nicht sofort versteht, und kann nicht mehr oder nur noch mit sehr viel ruhigem Zureden weiterarbeiten. Bei vielen Aufgabenstellungen muss Stefan sich rückversichern und sich diese noch einmal mündlich erklären lassen.

Der Umgang der Schülerinnen und Schüler in der Klasse ist überwiegend freundlich und wertschätzend, allerdings kommt es häufig zu Auseinandersetzungen zwischen einigen Jungen der Klasse. Stefan betrifft das nicht, hat er nur geringen Kontakt zu den Mitschülern. Die Pausen verbringt er häufig allein, obwohl seine Mitschüler ihn nicht aktiv ausschließen. Die meisten akzeptieren ihn, sind hilfsbereit und ihm gegenüber wohlgesonnen, dennoch bilden sich keine Freundschaften. In Gruppenarbeitsphasen ist er meistens nur dabei und läuft mit, ohne sich in konkrete Arbeitsprozesse einzubringen. Stefan hält zumeist vereinbarte Regeln ein, geht freundlich mit seinen Klassenkameraden um und nimmt Rücksicht auf andere. Er setzt sich selten für eigene Interessen ein oder äußert diese. So ist Stefan in der Klasse zumeist ein eher unscheinbarer Schüler, der sich am Rande bewegt, ruhig und defensiv verhält und keine besonders engen Beziehungen pflegt. Lediglich mit Tim verbindet ihn eine Freundschaft, die schon in der Kindergartenzeit begann. Als klar wird, dass Stefan die Schule verweigert, möchte ihn sein Freund Tim aktiv unterstützen. In Rücksprache mit dem Klassenlehrer fährt er morgens bei Stefan vorbei, um gemeinsam mit ihm zur Schule zu fahren. Das klappt auch zwei oder drei Mal. Als Stefan jedoch nicht mehr reagiert, beendet Tim nach einiger Zeit die Abholversuche, da er morgens vor der verschlossenen Tür steht und unverrichteter Dinge abziehen muss.

Stefans Halbjahreszeugnis in Klasse 4 fällt schlechter aus als das aus dem 3. Jahrgang. Seine erheblichen Versäumnisse zeigen schon ihre Spuren in den Bewertungen. In den Hauptfächern ist er nun im Viererbereich, in den anderen Fächern hat er viele Vieren und auch Fünfen. Es kommt daraufhin zu zwei Elterngesprächen. Da die emotional-soziale Integration Stefans verbessert werden sollte, wurde von Seiten der Schule empfohlen, eine psychologische Beratungsstelle aufzusuchen, was Frau Müller einige Male realisieren konnte.

10.2 Feldtheoretische Interpretation

Die Ausführungen zum Fall Stefan verdeutlichen, dass sich der Schüler in schwierigen Lebenszusammenhängen befindet. Das attraktivste Feld besteht für ihn im eigenen Zuhause, das er kaum verlässt und in dem er auch die Tage verbringt, an denen er eigentlich in der Schule sein sollte. Dieses Feld hoher Valenz wird vor allem getragen durch eine intensive und beständige Beziehung zu seiner Mutter. Es gelingt ihm allerdings auch, sie in Bezug auf seinen Schulbesuch zu manipulieren und zu Handlungen zu veranlassen, die sie im Nachhinein bereut. Sein Vater und auch seine Schwestern scheinen ihn nicht sehr zu interessieren und entsprechend ist die emotionale Bindung zu ihnen eher schwach, jedoch nicht negativ.

Die Schule als wichtige Bildungsinstanz im Leben von Stefan ist in der problematischen Zeit der Verweigerung weit aus seinem Fokus geraten und so hat er viel Energie aufgebracht, um (in Verbindung mit seiner Mutter) zu erreichen, die Schule nicht mehr aufsuchen zu müssen. Sie ist der Ort negativen Erlebens, weil sie der Ort der Anforderungen ist. Diese Anforderungen implizieren stets die Möglichkeit des Scheiterns, das Stefan sehr eindringlich erfährt und, so der Eindruck aus der Beobachterperspektive, katastrophale Züge annimmt. Versagen und Scheitern kann jedem und jeder Lernenden in der Schule widerfahren. Aufgrund seiner verzerrten Wahrnehmung spitzt sich die Situation des subjektiv erlebten Versagens jedoch für ihn immer wieder extrem zu. Schule entwickelt sich so zu einem Feld der Unsicherheit und Bedrohung für Stefan.

Bis auf einzelne Freunde spielen die Mitschülerinnen und Mitschüler sowie Gleichaltrigen im Leben von Stefan, der nur wenig Freude an sozialen Kontakten hat, keine große Rolle. So wird er in der Schule als zurückhaltend und eigenbrötlerisch beschrieben, ist dennoch in der Klasse akzeptiert, unterhält aber kaum freundschaftliche Beziehungen. So ist auch nicht verwunderlich, dass er sich nach der Schule fast nie mit Freunden trifft und die Nachmittage zuhause verbringt. Immerhin geht er wöchentlich zum Training des lokalen Sportvereins, in dem es überwiegend um Leichtathletik geht. In dieser relativ stabilen Gruppe ist er bereits seit seinem sechsten Lebensjahr gut integriert. Die Freundschaft zu Tim ist in diesem Feld ebenso eine Ressource.

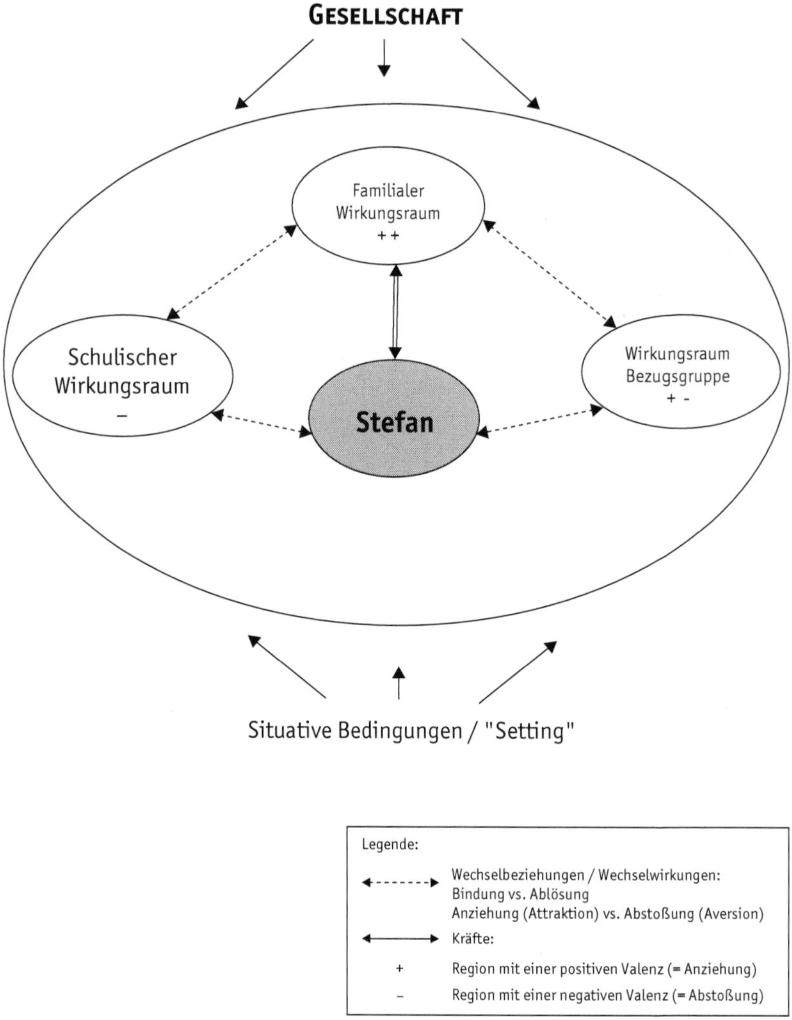

10 Fall 3: Stefan

GESELLSCHAFT

```
                 Familialer
                 Wirkungsraum
                 ++

Schulischer                          Wirkungsraum
Wirkungsraum        Stefan           Bezugsgruppe
     –                                   + –
```

Situative Bedingungen / "Setting"

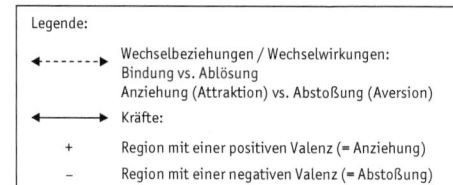

Legende:
◄------► Wechselbeziehungen / Wechselwirkungen:
         Bindung vs. Ablösung
         Anziehung (Attraktion) vs. Abstoßung (Aversion)
◄──────► Kräfte:
   +   Region mit einer positiven Valenz (= Anziehung)
   –   Region mit einer negativen Valenz (= Abstoßung)

Abb. 7: Wirkungsfaktoren bei der Entwicklung von unterrichtsmeidenden Verhaltensweisen am Beispiel Stefan

In der Darstellung von Stefans Lebensraum fällt schlussfolgernd auf, dass sich sein Lebensmittelpunkt im elterlichen Zuhause bei seiner

Mutter befindet. Hier ist Nähe und eine intensive Bindung präsent. Ein großer Teil seiner Handlungsmotivation wird dafür verwendet, die Zeit zuhause zu verbringen und möglichst wenig (bis auf das Training) andere Ort aufzusuchen. Vor dem Hintergrund seiner labilen emotionalen Lage erlebt er diese als (potenziell) verunsichernd. Die in den anderen Lebensräumen vielfach von Stefan als belastend empfundenen Umstände lassen ihn daher im häuslichen Umfeld verweilen. Dort wird ihm die Sicherheit und Aufmerksamkeit zuteil, die wenig Einwirkungen auf seinen Selbstwert haben und diesen vermeintlich nicht »angreifen«. Seine Entwicklung ist dadurch stark beeinträchtigt, da Momente des Empfindens von Wirksamkeit in sozialen Kontexten ausbleiben.

10.3 Falleinschätzung und Interventionsplanung

Da bisher keine wesentlichen Veränderungen in Stefans Schulbesuchsverhalten erreicht werden konnten, soll die pädagogische Intervention systematisiert und intensiviert werden. Die Basis der Falleinschätzung und Interventionsplanung für Stefan ist die gezielte Sammlung und Auswertung von Informationen zum Fall. Frau Berndt und Herr Hansen, zuständiger Sonderpädagoge in der Grundschule, tragen ihre Kenntnisse zusammen und tauschen sich über Möglichkeiten der Interpretation aus. Sie halten Stefan für einen freundlichen, aber oft in sich gekehrten Jungen, der im Alltag vielfach Unsicherheiten und Ängste zeigt. Es gelingt ihm in herausfordernden Situationen noch nicht, seine Emotionen zu regulieren und in angemessener Weise auf andere zuzugehen. Störungen in der Emotionsregulation und mangelnde Impulskontrolle führen häufig dazu, dass Stefan die Kontrolle über seine Handlungen bei (von außen gesehen) minimalen Anlässen verliert. Es macht den Anschein, dass sein inneres Schema der Selbstbewertung tendenziell »perfektionistisch« ausgerichtet ist und er sich kaum Fehler oder Unsicherheiten im Unterricht erlaubt. Eine Situation, die subjektiv als Versagen erlebt wird, ist für ihn, so die Interpretation von Frau Berndt, nicht nur eine extrem unangenehme emotionale Lage, sondern auch eine massive Bedrohung des Selbstwerts. Durch die Meidung der Schule und den Unterricht mit seinen Anforderungen gelingt es ihm, diesen nur schwer aushaltbaren Momenten aus dem Weg zu gehen. Herr Hansen stellt heraus, dass es wichtig sein wird, Stefan klarzumachen, dass sein Verhalten sehr wohl nachvollziehbar und verständlich ist, ihn jedoch auf Dauer massiv schädigt. Alles deutet darauf hin, dass er Unterstützung dabei benötigt, sein Verhalten in schwierigen Situationen besser zu regulieren und zu kontrollieren. Blickt Frau Berndt auf Stefans allgemeine emotionale Befindlichkeit und auf seine fast täglich hohe emotionale Belastung, kommt sie zu der Deutung, dass es sich um ein Kind in psychischer Not handelt und Handlungsbedarf besteht.

Es wird für Stefan in Zukunft – gerade auch im Kontakt mit Erwachsenen – wichtig sein, in schwierigen Situationen sozial akzeptiertes Verhalten zu zeigen. Dabei ist es schon im Bereich der Wahrnehmung bedeutsam zu lernen, das Verhalten anderer angemessen einzuschätzen und Kritik oder Provokationen als solche zu erkennen und auszuhalten. Die Förderung sozial-emotional kompetenten Verhaltens setzt somit eine differenzierte Wahrnehmung, die Fähigkeit zum Wechsel der sozialen Perspektive und das Antizipieren von Konsequenzen auf der personalen Ebene voraus. Hier liegen einige seiner Entwicklungsziele.

Im außerschulischen Bereich sollten dazu seine Lebens- und Lernbedingungen so gestaltet werden, dass er in Gruppen eingebunden wird. Er benötigt regelmäßige Treffen mit Gleichaltrigen und mit Aktivitäten, die seinen Interessen entsprechen (z. B. Katzen), um stärker als bisher soziale Integration zu erleben und so das Fundament zu schaffen für größere soziale Kompetenz. Die Eltern sollten stärker als bisher diesen Prozess unterstützen.

Das Erreichen der schulischen Ziele kann erst dann wieder in den Vordergrund treten und gelingen, wenn Stefan in seinen emotionalen und sozialen Kompetenzen Fortschritte erreichen kann. Als Ausgangspunkt seiner Problematik sollte Stefan lernen, mit seinen Emotionen umzugehen und angemessen auf seine schnell wechselnden Gefühlslagen zu reagieren. Seine bisher vorhandenen Dispositionen, im Rahmen einer labilen Ich-Identität selbst bei kleinsten Fehlern unnachgiebig zu sein, traurig oder wütend zu werden und die Selbstkontrolle zu verlieren, sind vermutlich automatisiert und nur mittel- oder langfristig zu beeinflussen. Dabei ist insbesondere auf die hintergründige Selbstwertproblematik zu achten, denn er erweckt den Eindruck, sich selbst für sein abweichendes Verhalten abzulehnen.

Es wird deutlich, dass der Teufelskreis, in dem sich Stefan beständig dreht, nur durch intensive pädagogisch-therapeutische Maßnahmen zu durchbrechen ist. Da die Fähigkeit, sich mit sich selbst und seinem eigenen Verhalten auseinanderzusetzen, noch nicht hinreichend ausgeprägt ist und er Meidungsverhalten zeigt, benötigt er hier viel fachliche Unterstützung. In diesem Zusammenhang ist eine begleitende therapeutische Intervention zu erwägen.

Vor diesem Hintergrund benötigt er beständige Erfahrungen von Erfolg und Selbstwirksamkeit zum Aufbau von persönlichem und schulischem Selbstvertrauen. Durch regelmäßiges positives Feedback in unterschiedlichen Formen kann er langfristig wieder Vertrauen in die eigene Person aufbauen und Kompetenzen einer realistischen Selbstbewertung gewinnen.

Daneben sind nach Ansicht von Herrn Hansen folgende Bedingungen der Förderung zu empfehlen:

- Ein strukturierter Unterrichts- und Tagesablauf: Um emotionale Sicherheit zu erlangen, benötigt Stefan einen strukturierten Unterrichts- und Tagesablauf mit festen Regeln, Ritualen, Rhythmisierung und Konsequenzen.

- Ebenfalls erscheinen strukturierte Unterrichtsmethoden mit viel Anleitung und Begleitung durch die Lehrperson für eine erfolgreiche Teilnahme am Unterricht sinnvoll.
- Feste Bezugspersonen (Vertrauenspersonen). Alle Lehrkräfte, die mit ihm arbeiten, sollten in ähnlicher Weise positives Verhalten verstärken und deeskalierend auf sich anbahnende Konflikte reagieren. Dies setzt eine sozial-integrative pädagogische Haltung sowie angemessenes Modellverhalten voraus.
- Vernetzung und regelmäßiger Austausch zwischen Eltern und Schule, um Sicherheit zu vermitteln.

Zur systematischen Umsetzung müssen einerseits die Lehrkräfte, die mit Stefan arbeiten, informiert werden, andererseits steht eine Phase intensiverer Elternkooperation an, denn die Eltern benötigen unterstützende Beratung und auch eine gewisse Begleitung, um ihren Teil der Veränderung in Stefans Umfeld zu realisieren.

10.4 Interventionen

Vor diesem Hintergrund setzen Frau Berndt und Herr Hansen die Interventionen um. Ihnen ist klar, dass sie in dieser Phase eng zusammenarbeiten müssen, und sie verabreden einen wöchentlichen »Jour Fixe« zu Besprechung des Fortschritts. Bei Frau Berndt liegt die Aufgabe, die Schulsituation und den Unterricht noch stärker so zu gestalten, dass sich Stefan (und auch die Mitschülerinnen und Mitschüler) geborgen und sicher fühlen. Sie ergreift dazu verschiedene Maßnahmen in den Bereichen der Klassenführung und der methodischen Unterrichtsgestaltung. Im Sachunterricht plant sie ein Projekt zum Thema »Gefühle«, das nach den Osterferien beginnen soll. In Situationen emotionaler Bedrängnis, in denen er sich nicht beruhigen kann, hält sie einen kleinen Differenzierungsraum bereit. Daneben wird sie ihre Interaktion mit Stefan dahingehend entwickeln, dass er häufig ein möglichst verstärkendes Feedback bekommt.

Herr Hansen übernimmt die Kooperation mit den Eltern, was in der Planung von Gesprächen mit Frau Müller resultiert. Diese schöpft im Verlauf ausreichend Vertrauen, um die Schwierigkeiten um Stefans Schulbesuch und auch ihre Rolle dabei offenzulegen und zu besprechen. In den weiteren Gesprächen geht es im Wesentlichen darum, gemeinsam zu erörtern, welche Strategien und Verhaltensweisen sie im Umgang mit Stefans Neigung, die Schule zu meiden, unterstützen.

So sind die ersten Veränderungen in Stefans Umfeld erkennbar, zur Schule geht er jedoch noch nicht. Die Klassenlehrerin und der Sonderpädagoge entscheiden sich dazu, die Familie Müller unangekündigt zu besuchen und Stefan zur Schule zu bringen: »*Irgendwann haben wir Stefan deutlich gemacht, dass wir es ernst meinen. Wir haben ihn zuhause abgeholt, Herr Hansen und ich, und zur Schule gebracht.*«

Diese Aktion hat ihn nachhaltig beeindruckt. Er bemerkt, dass sich die Bedingungen rund um Schule verändert haben. Seine Mutter spricht nun über den Schulbesuch in einem anderen Ton und reagiert auch anders auf seine Anfragen. Er hat auch den Eindruck, dass Frau Berndt ihn mit anderen Augen sieht und mehr im Blick hat. Daraufhin besucht Stefan regelmäßig die Schule und zeigt zunächst keine schulverweigernden Verhaltensmuster mehr. Die Klasse zeigt dafür ein hohes Maß an Anerkennung: »*Was ich sehr schön fand, daran sieht man mal wieder, dass das eine unglaublich gute Klassengemeinschaft ist. [...] Und er ist dann [...] rein und er sagte selber er hatte ein mulmiges, flaues Gefühl im Magen. Und dann kam er rein und dann stand die Klasse auf und hat geklatscht, dass er wieder da ist. Und das tat ihm sicher auch gut*«.

Einige Wochen später berichtet Herr Hansen von wieder auftretender Schulunlust bei Stefan, was an seiner Laune und Haltung gut erkennbar ist. Er bricht jedoch nicht aus und erfüllt den Stundenplan. Seit den Gesprächen mit Herrn Hansen spricht Frau Müller lediglich von einem einmaligen Verweigerungserlebnis: »*OK, er ist Freitag nicht hin, aber er hatte nur zwei Stunden. Sagt er Mama, ich hab zwei Stunden und die habe ich auch noch Vertretung [...]. Ja, hab ich gesagt, ok, die zwei*

Stunden. Aber das ist das erste und letzte Mal in diesem Schuljahr. Passiert das nochmal, ruf ich sofort deine Klassenlehrerin an. Das mach ich nicht mehr mit.«

Begleitend folgen die Eltern dem Rat, für Stefan eine psychotherapeutische Behandlung anzufragen. Diese erfolgt daraufhin bei einer Therapeutin in Einzelsituationen über einen Zeitraum von ca. 18 Monaten. Dabei nutzt sie v. a. schematherapeutische Ansätze. Dabei handelt es sich um einen kognitiv-behavioralen Ansatz, der der Stärkung der psychischen Widerstandsfähigkeit bei Risikokindern dienen soll. Die Schematherapie geht davon aus, dass seelisches Leid durch verzerrte und dysfunktionale Interpretationen und Bewertungen verursacht wird. Derartige Forderungen und Erwartungen (z.B. »Ich muss immer der Beste sein«), undifferenzierte Bewertungen der Handlungen und Eigenschaften von Personen (z.B. »Weil ich in einem bestimmten Bereich keine optimalen Leistungen erbringe, bin ich in jeder Hinsicht ein Versager«) sowie unangemessene Bewertungen der eigenen Frustrationstoleranz werden dabei bearbeitet und in Richtung eines rationalen Maßes verändert. Für Stefan ergibt sich dadurch die Chance, irrationale Erwartungen bei schulischen Aufgaben an sich selbst so zu modifizieren, dass eine selbstwertförderliche Umgangsweise erreicht wird.

10.5 Evaluation und Ausblick

Beim Vergleich zwischen Stefans Situation vor und nach der Intervention werden einige Veränderungen deutlich. Im Bereich Schule zeigt sich eine große Veränderung: Während Stefan nach den Herbstferien über den Winter den Schulbesuch fast komplett verweigerte, besucht er die Schule wieder durchgängig. Schwierige emotionale Situationen treten nach wie vor auf, Lehrerinnen und Lehrer wie auch Schülerinnen und Schüler können mittlerweile ziemlich routiniert damit umgehen. Während Stefan vor der Schulverweigerung gute Leistungen erzielt, erhält er zum Abschluss des vierten Jahrgangs ein eher mittelmäßiges Zeugnis. Dieses führt die Klassenlehrerin auch auf die Fehlzeiten im ersten Halbjahr zurück: *»Ja, die schulischen Leistungen wurden eigentlich besser [...]. Aber sie gingen natürlich so in den Keller, weil er nicht da war«.*

Stefans familiäre Situation ist nach wie vor noch nicht sehr stabil, jedoch erkennbar verbessert. So zieht Herr Hansen ein positives Fazit: *»Ja, die Maßnahmen würde ich auf jeden Fall als gelungen bezeichnen.«* Er begründet dies mit dem vertrauensvollen Verhältnis und der Kooperation zwischen den beteiligten Parteien, der Schule und der Familie, und kurzen Zeitspanne zwischen der Kontaktaufnahme und dem Maßnahmenbeginn. Frau Müller dazu: *»Im Grunde genommen war das schon eine sehr gute Kooperation. Die Schule hat sich da gleich Stefan angenommen. Da wurde auch schnell gehandelt. Es ging gut in der Kommunikation mit uns. Und wir wurden da auch entlastet.«* Dabei ist Herr Hansen der Ansicht, dass die Notwendigkeit besteht, Stefan und die Familie weiter zu begleiten. Er ist bereit, diese Aufgabe zu übernehmen, weiß jedoch, dass das auch von der Bereitstellung schulischer Ressourcen abhängt.

Frau Müller ist froh darüber, dass der Schulbesuch stattfindet, und sieht dabei auch die eigenen Aufgaben, damit das so bleibt. Dennoch macht sie sich immer wieder Sorgen um ihn. Auch wenn Stefan wieder regelmäßig die Schule besucht, verbringt er die restliche Zeit des Tages zumeist zuhause und wirkt lustlos: *»Aber er hat zu wenig Interesse am Leben. Und das mit 10. Das kann's nicht sein. Da mach ich mir große Sorgen.«* Als positiv bewertet Frau Müller die Beziehung zwischen Stefan und Herrn Hansen: *»Herr Hansen hat dann auch erzählt, er (Stefan) hat viel geredet. Und das macht er nicht, wenn er kein Vertrauen hat. Das hat schon gut geklappt. [...] Er hat gleich unglaublich viel Vertrauen auf Stefan ausgestrahlt und sehr viel Ruhe, und das fand ich sehr angenehm, muss ich sagen.«*

Stefan wechselt nach den Sommerferien zur örtlichen Oberschule, wobei der Übergang durch einen gezielten Informationsaustausch zwischen den zuständigen Vertretern der Schulen günstig für ihn gestaltet werden konnte. Dieser Fall macht in besonderer Weise klar, dass problematische Unterrichtsversäumnisse schon früh in der Grundschule auftreten können und pädagogisch zielgerichtet zu bearbeiten sind. Auch weist er auf die Bedeutsamkeit guter Kooperation hin wie auch auf die Option multimodaler Intervention in verschiedenen Handlungsfeldern. Schulabsentismus zeigt in der Primarstufe zwar eine geringere Prävalenz als im Sekundarbereich, die frühen Formen sind jedoch besonders entwicklungsrelevant und sehr ernst zu nehmen.

11 Fazit

Schulabsentismus zeigt sich als Erscheinungsform von Schülerverhalten in komplexer Gestalt mit diversen Risiken auf individueller, familiärer, schulischer und sozialer Ebene. Dabei verdeutlichen die gravierenden Folgen chronischer Schulversäumnisse die Notwendigkeit des pädagogischen Einschreitens. Die oft zunehmende Distanzierung von der Schule hemmt Entwicklungs- und Lernfortschritte der Heranwachsenden und langfristig werden individuelle Bildungswege vom Schulabbruch bedroht. So ist Schulabsentismus immer auch ein Alarmzeichen, das darauf hindeutet, dass beim Kind oder Jugendlichen etwas nicht stimmt. Viele Schülerinnen und Schüler wollen auch durch Fehlzeiten auf ihre unzulängliche Situation aufmerksam machen und tun so einen konkreten Hilfebedarf kund.

Doch wie ist umzugehen mit denjenigen, denen es nicht oder nur bedingt gelingt, schulische Lern- und Verhaltensstandards (z. B. permanente Leistungsbereitschaft, prosoziales Verhalten, regelmäßiger Schulbesuch) zu erreichen, die in der Folge auf unterschiedlichen Ebenen versagen und sich von der Schule abwenden? In einigen Fällen setzen Selektionsprozesse wie Klassenwiederholungen und Schulwechsel ein, in anderen wird ein Nachteilsausgleich oder sonderpädagogischer Unterstützungsbedarf gewährt. Vom metatheoretischen Leitgedanken der Passung zwischen den schulischen Erwartungen und den Handlungsoptionen des Schülers/der Schülerin ausgehend, liegen Verbesserungsmöglichkeiten grundlegend auf mehreren Seiten. Dabei ist es plausibel anzunehmen, dass in vielen Schulen desintegrative Kräfte wirken, die zu mindern sind. So stellen ungünstige Lern- und Lebensbedingungen mit einer unzureichend ausgeprägten Schul- und Leistungskultur Risikofaktoren dar, die der Entwicklung vieler Kinder abträglich sind (Ricking & Schulze, 2012). Ebenso zeigen viele Schülerinnen und Schüler mit Adaptionsproble-

11 Fazit

men erhebliche Kompetenzdefizite, sodass durch eine auskömmliche und problemspezifische Förderung des/der Einzelnen oder risikobelasteter Gruppen Fortschritte erreicht werden können.

Die unterschiedlichen Fälle konnten offenlegen, dass es vielfältige Einflüsse gibt, die in der Schulbiografie für eine sich ausweitende Distanzierung zwischen der Institution Schule und den jungen Menschen verantwortlich sind. Die zunehmende Entfremdung führt zu Schulversagen, hohen Fehlquoten und einer Lähmung schulischer Lernprozesse. Sie endet nicht selten in der Entzweiung von Schülerin/Schüler und Schule. Zumeist verstärken außerschulische Risikolagen, oftmals familiale Probleme, die erkennbaren Prozesse der Desintegration. Die dargestellten Fallbeispiele geben ein Zeugnis dieser komplexen Strukturen, in die die Kinder und Jugendlichen verwickelt sind und in denen sie oft versuchen, einen Weg zu finden zwischen eigenen Zielen und den Erwartungen der Umwelt.

Das positive Erleben von Schule und Unterricht, das motivierte und zufriedene Lernen sind oft vernachlässigte Gradmesser für eine anzustrebende Balance und Adaptivität zwischen den Voraussetzungen und Dispositionen auf Schülerseite und dem schulischen Angebot im Sinne der programmatisch gestalteten Lernumwelt und Alltagsrealität, in der die Kinder und Jugendlichen ihre Erfahrungen machen.

Serviceteil: Ressourcen

Online-Ressourcen

Schule zählt e. V.	Der Verein »Schule zählt« stellt Erziehungsberechtigten, Schülerinnen und Schülern sowie Professionellen Informationen im Umgang mit Problemen beim Schulbesuch online zur Verfügung. www.schule-zaehlt.de
Handreichung Schulabsentismus Osnabrück	https://www.landkreis-osnabrueck.de/sites/default/files/2021-06/handreichung-schulabsentismus-2021_-web_barrierefrei.pdf
Netzwerkstelle »Schulerfolg«, Deutscher Familienverband LV Sachsen-Anhalt e. V.	www.schulerfolg-sichern.de
Flex-Fernschule, alternatives Schulkonzept	www.flex-fernschule.de
Handreichung Stadt Oldenburg – Team Wendehafen	https://www.oldenburg.de/fileadmin/oldenburg/Benutzer/PDF/51/Team_Wendehafen/2_Fachtag_Schulabsentismus/Schulabsentismus_A4_2020_barrierefrei.pdf
Referat Pro-Aktiv-Centren und Jugendwerkstätten der LAG JAW, Braunschweig	https://www.braunschweig.de/leben/soziales/jugendfoerderung/Themenheft_Schulverweigerung.pdf
Handreichung zum Umgang mit Schulpflichtverletzungen Hamburg	https://www.hamburg.de/contentblob/64418/0588f6f979ac80c3f84e5b77030cec53/data/bbs-hr-schulpflichtverletzungen-pdf-2013.pdf

Open Access Artikel Verlauf von Schulabsentismus	Knollmann, M., Waltz, E., Reissner, V., Neumann, U. & Heberand, J. (2022). Verlauf von Schulabsentismus 1.5 bis 3 Jahre nach Erstvorstellung: Prädiktoren, psychosoziales Funktionsniveau und Inanspruchnahme von Hilfen. *Zeitschrift für Kinder- und Jugendpsychiatrie und Psychotherapie, 50*(6), 457–469. https://econtent.hogrefe.com/doi/10.1024/1422-4917/a000884
Open Access Artikel Schulabsentismus und Angststörungen	Pflug, V. & Schneider, S. (2022). Schulabsentismus und Angststörungen. *PSYCH up2date, 16*(04), 321–338. https://www.thieme-connect.com/products/ejournals/html/10.1055/a-1528-5972

Arbeitsmaterialien

Goldene Regeln für Eltern und Lehrkräfte bei Schülerängsten (Peponis, 2020, 134–137, Auszug)

»1. Akzeptanz und positive Zuschreibung – Angstreize dosieren und Kinder nicht überfordern. Ängste und die Überwindung von Ängsten gehören zu einer positiven Entwicklung der kindlichen Psyche. Angst macht Kinder wachsam und sorgt zum einen dafür, Gefahren und eigene Grenzen zu erkennen und gleichzeitig die eigenen Affekte und körperlichen Zustände wahrzunehmen und mit ihnen umzugehen. Bewerten Sie die Angst positiv und erkennen Sie ihre Bedeutung.

2. Sprechen statt ignorieren: Zuhören und Nachfragen sowie Sicherheit und Nähe vermitteln. Auf kindliche Ängste sollte immer angemessen eingegangen werden.

3. Geduldiges Verständnis: Nicht dramatisieren, nicht bagatellisieren, Erwachsene können Kindern die Angst nicht ersparen, denn Angst bzw. die Bewältigung von Angst dienen als wichtige Entwicklungsschritte zur Selbstständigkeit.

4. Eigene Ängste nicht übertragen: Ängste können von den Eltern und auch Lehrkräften auf die Kinder übertragen werden. Oftmals geschieht dies unbewusst. Kinder sind bindungswillig, sie orientieren

sich stark am Verhalten der Eltern und der Lehrkräfte und sind somit besonders empfänglich für Ängste der Bezugspersonen. Achten Sie darauf, eine angstvermittelnde Sprache im Alltag zu vermeiden (»Pass auf, sonst tust du dir weh.«) und verwenden Sie eine positive Ansprache (»Halt dich gut fest, dann schaffst du das.«).

5. Vertrauen auf kindliche Kräfte und Bewältigungstechniken. In der Regel haben Kinder jeden Alters eine Vorstellung davon, was ihnen bei der Bewältigung ihrer Ängste helfen könnte. Unterschätzen Sie die intuitiven Bewältigungstechniken des Kindes nicht und fragen Sie nach.

6. Respekt vor der Individualität des Kindes und keine Vergleiche. Jedes Kind ist anders und jedes Kind entwickelt sich in dem eigenen Tempo. Vergleiche zwischen Kindern sind nicht ratsam und führen beim Kind zu einem inneren Druck.

7. Selbstwirksamkeit stärken: Der Fokus im Kontakt mit dem Kind sollte hingegen nicht ausschließlich auf der Angst liegen, da dieser Blickwinkel zu einem defizitären Selbstbild des Kindes führen kann. Erarbeiten Sie stattdessen gemeinsam mit dem Kind eine Auflistung der Stärken und fördern Sie diese zuhause und im schulischen Kontext. Je wirksamer sich das Kind im Alltag erlebt, desto leichter fällt auch die Angstbewältigung.

8. Sprache des Kindes verstehen: Körperliche Symptome als Angst erkennen. Je jünger Kinder sind und je komplexer die Angst ist, desto schwieriger fällt es, diese zu konkretisieren. Oftmals wissen die Kinder selbst nicht, dass sie sich vor bestimmten Situationen oder Personen fürchten, sondern verspüren nur ein Gefühl des Unwohlseins.

9. Umgang mit schulischen Fehlzeiten: Der regelmäßige Schulbesuch ist nicht nur verpflichtend, sondern fördert maßgeblich die kognitive wie auch soziale Entwicklung und bietet gleichzeitig Struktur im Alltag. Fehlzeiten sollten nicht heruntergespielt und häufiges Fehlen vom Unterricht sollte nicht leichtfertig akzeptiert werden, damit ängstliches Verhalten nicht gefördert wird und sich die Symptomatik manifestiert.

10. Bei tieferliegenden Problemen: Professionelle Hilfe in Anspruch nehmen. Sobald die Angst das Kind im alltäglichen Leben erheblich einschränkt, sollte professionelle Hilfe in Anspruch genommen werden.«

Warnsignale erkennen (Ricking & Team, 2020)

Lehrkräfte benötigen Kriterien, um zu erkennen, wann eine Distanzierung oder die Tendenz zu einer Verweigerung stattfindet. Die nachfolgende Checkliste umfasst daher zentralen Aspekte und soll einer frühzeitigen Erkennung und Einschätzung dienen.

Warnsignal	Vorhanden?		Wenn ja, welche Ausprägung?
	Ja	Nein	
Zuspätkommen im Unterricht			stark mittel schwach
Unangemessen lange Fehlzeiten			stark mittel schwach
Fehlen bei bestimmten Unterrichtsfächern/Lehrkräften			stark mittel schwach
Soziale Isolation bzw. innerer Rückzug			stark mittel schwach
Außenseiterrolle innerhalb der Klasse			stark mittel schwach
Häufige Konflikte mit Mitschüler*innen			stark mittel schwach
Häufige Konflikte mit Lehrkräften			stark mittel schwach
Plötzlicher Leistungsabfall			stark mittel schwach
Gleichgültigkeit gegenüber dem Unterricht			stark mittel schwach
Lernverweigerung während des Unterrichts			stark mittel schwach
Plötzliches Verlassen des Unterrichts			stark mittel schwach
Wiederholte Unterrichtsstörungen			stark mittel schwach

Warnsignal	Vorhanden?		Wenn ja, welche Ausprägung?
	Ja	Nein	
Starke Müdigkeit während des Unterrichts			stark mittel schwach
Überforderung während des Unterrichts			stark mittel schwach
Unvollständiges Unterrichts-/Arbeitsmaterial			stark mittel schwach
Unzureichende oder keine Hausaufgaben			stark mittel schwach
Ausgeprägte Ängstlichkeit			stark mittel schwach
Probleme, das eigene Haus zu verlassen			stark mittel schwach

Der diagnostische Prozess im Kontext von Schulabsentismus (Ricking & Hagen, 2016, S. 76)

In Einzelfällen ist es sinnvoll, die Problemlage der Schülerin/des Schülers genau zu erfassen, um Konsequenzen für die inhaltliche Ausgestaltung der Förderung ableiten zu können. Die folgende Grafik beschreibt das systematische Vorgehen.

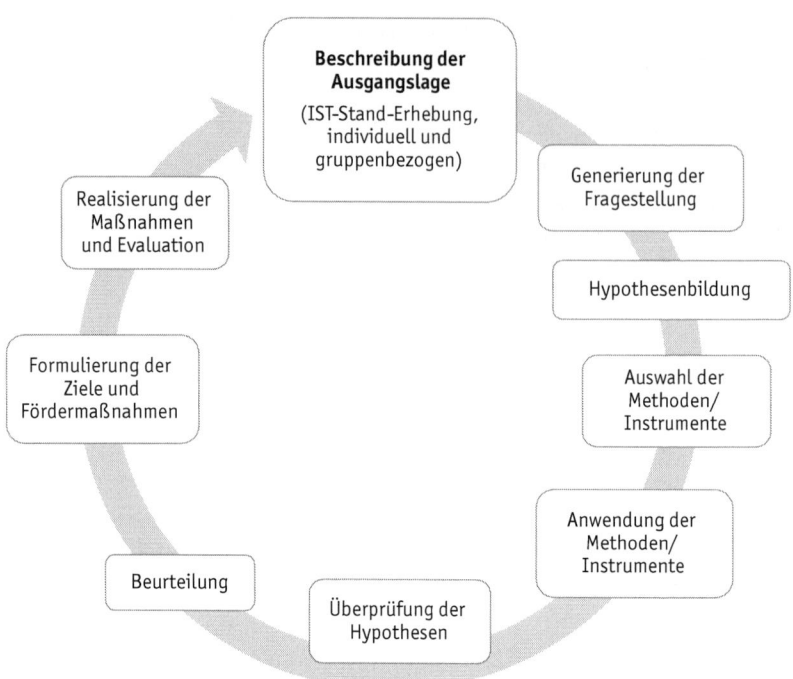

Auswahl von Testverfahren im Kontext von Schulabsentismus (Ricking & Hagen, 2016)

Die durch den zielgerichteten Einsatz von Testverfahren gewonnenen Befunde können für die Planung von Fördermaßnahmen genutzt werden.

- The Strengths and Difficulties Questionnaire (SDQ): Erhebung der Verhaltensauffälligkeiten und -stärken von Kindern und Jugendlichen zur Selbst- und Fremdbeurteilung (Goodman, 1997).
- Einschätzungsskala der Schulverweigerung (ESV): Einschätzung zentraler Motive für die Versäumnisse zwischen angst- und schwänzbedingter Meidung (Overmeyer et al., 1994).

- Lehrereinschätzliste für Sozial- und Lernverhalten (LSL): Erfassung schulbezogenen Sozial- und Lernverhaltens (Petermann & Petermann, 2006).
- Skalen zur Erfassung der Lern- und Leistungsmotivation: Erhebung der Motivation (Zielorientierung) bei Lern- und Leistungsdefiziten (Sellmo, Spinath, Stiensmeier-Pelster, Schöne & Dickhäuser, 2012). Fragebogen zur Erfassung emotionaler und sozialer Schulerfahrungen (FEESS) (Rauer & Schuck, 2003)

Mit Eltern sprechen (Ricking & Team, 2020)

Ein funktionierender Austausch zwischen Eltern und Lehrkräften kann viel bewirken sowie dafür nützlich sein, den Ursachen des schulabsenten Verhaltens der Schülerin oder des Schülers auf den Grund zu gehen. Der Austausch zwischen den Parteien sollte, wie beim Schülergespräch auch, strukturiert und geplant erfolgen. Die Aufgaben- und Themenbereiche der Zusammenarbeit von Eltern und Lehrkräften sind breit gefächert und können in verschiedenen Settings erfolgen. Als Beispiel für ein Elterngespräch wird nachfolgend ein Gesprächsprotokoll zwischen einer Lehrperson und einem/einer Erziehungsberechtigten hinsichtlich der Absentismusthematik präsentiert, das als Leitfaden dienen sowie für weitere Themenfelder abgewandelt werden kann.

Protokollbogen für Gespräche mit Erziehungsberechtigten
Gespräch mit _____ Datum: _____
Mir ist aufgefallen, dass Ihr Kind derzeit Schwierigkeiten hat, regelmäßig am Unterricht teilzunehmen. Dafür gibt es sicherlich einen guten Grund.
Wie beschreiben Sie derzeit die Situation?
_____
Wie erklären Sie sich das Verhalten Ihres Kindes?
_____
Wie würde sich Ihr Kind selbst dieses Verhalten erklären?

Haben Sie das Thema zuhause angesprochen? Welche Ergebnisse gab es?

Welche Lösungsideen haben Sie/hat Ihr Kind?

Welche Ziele (ggf. Unterziele) sollten wir gemeinsam vereinbaren?

Welche Unterstützung wird für die Zielerreichung benötigt?

Wer kümmert sich bis wann um was?

Unterschrift Lehrkraft   Unterschrift Sorgeberechtigte

Handlungsplan zur Rückkehrgestaltung (nach Ricking & Albers, 2019, S. 75 f. & Plasse, 2004, S. 50)

Vorbereitung
Vorbereitende Gespräche mit dem Schüler/der Schülerin führen und die Ängste und Befürchtungen vor der Rückkehr antizipieren und verringern. Die Mitschüler/innen auf die Rückkehr des Schülers/der Schülerin vorbereiten und eine freundliche Aufnahme ermöglichen. Tandempartner auswählen, die den Schüler/die Schülerin am ersten Tag der Rückkehr begleiten.

Regelmäßiger Kontakt zu den Eltern
In der Zeit vor und während der Rückkehrgestaltung einen regelmäßigen und guten Austausch mit den Eltern im Sinne einer Erziehungs- und Bildungspartnerschaft führen.

Teambesprechungen
Hinzuziehen von Fachkollegen wie Vertrauens- oder Beratungslehrerinnen sowie weiteren Kolleginnen zur Besprechung von Kontakt- und Integrationsstrategien.

_____ Serviceteil: Ressourcen

Die Rückkehr
Freundliche Begrüßung des Schülers/der Schülerin und loben der Anwesenheit. Klärung der verpassten Lerninhalte und Unterstützung beim Nacharbeiten des Lernstoffs (bspw. Checkliste erstellen und diese abarbeiten). Weitere Gespräche mit dem Schüler/der Schülerin vereinbaren.

Stabilisierung
Stabilisierende Maßnahmen wie häufiger Kontakt zum Schüler/zur Schülerin, das Führen von Einzel- und Lernentwicklungsgesprächen und weitere Planung des Nachholens der Lernhinhalte vornehmen.

Botschaften an Schülerinnen und Schüler (Ricking & Albers, 2019, 56–57 & attendance works)

- Die Schule ist deine Haupt- und wichtigste Aufgabe. Hier lernst du mehr als nur Mathe und Lesen: Du lernst auch, wie du es schaffst, jeden Tag pünktlich zum Unterricht zu erscheinen, damit du später, wenn du einen Beruf beginnst, auch weißt, wie du jeden Tag pünktlich zur Arbeit erscheinen kannst.
- Wenn du nicht hier bist, fällt uns das auf, weil du uns wichtig bist und wir möchten, dass du erfolgreich bist.
- Schülerinnen und Schüler, die regelmäßig zum Unterricht erscheinen, haben eine höhere Wahrscheinlichkeit, einen guten Schulabschluss zu machen und eine gute Arbeitsstelle zu finden. Tatsächlich verdienen jene mit Schulabschluss, über ihr Leben hinweg, deutlich mehr Geld als Schulabbrecher.
- Wenn du denkst, ab und zu mal einen Tag zu fehlen, ist nicht schlimm, solltest du dies noch einmal überdenken. Schon bei einem Fehltag alle zwei Wochen wärst du auf dem Weg dahin, zehn Prozent des Schuljahres zu verpassen – und das passiert schneller, als du es bemerkst.
- Der Schulbesuch wird nur immer schwerer, wenn du zu oft zuhause bleibst. Zwar ist es manchmal verlockend, zuhause zu bleiben, weil du zu viel zu tun hast oder nicht verstehst, was in der

Klasse unterrichtet wird. Allerdings macht es die Situation dann nur noch schlimmer.
- Wir verstehen natürlich, dass du manchmal krank bist und zuhause bleiben musst. Es ist einfach nur wichtig, so häufig wie möglich zum Unterricht zu kommen, damit du im Unterrichtsstoff nicht hinterherhängst.
- Chronisches Fehlen kann sich auf deine Möglichkeiten, deinen Lebensunterhalt zu verdienen, auswirken: Schulabbrecher haben geringere Chancen auf eine erfolgreiche Karriere. Und selbst diejenigen mit Schulabschluss haben ohne regelmäßige Unterrichtsanwesenheit keine Aussicht auf Erfolg bei der Arbeit. Sehr viele Gefängnisinsassen haben keinen Schulabschluss.
- Wenn du Probleme hast, zur Schule zu kommen – sei es durch fehlende Transportmittel, Mobbing oder Sonstiges –, solltest du das jemandem, wie z. B. deiner Lehrerin, deinem Lehrer oder aber deinen Eltern, mitteilen. Schulen können bei vielen Problemen weiterhelfen und beraten.

Psychoedukation umsetzen – am Beispiel von Dennis (Ricking & Team, 2020)

Dennis ist 16 Jahre alt, kommt seit Monaten sehr unregelmäßig zur Schule und hat bereits mehrere unentschuldigte Fehltage. Seine Schulnoten sind schlechter geworden und die Schule steht kurz davor, rechtliche Mittel einzusetzen. Sein Lehrer versucht, ihm in einem Gespräch zu vermitteln, welche Ursachen für sein Verhalten maßgeblich sind und welche Konsequenzen dieses hat.
Nachfolgend ist eine mögliche Umsetzung der Psychoedukation für den Fall von Dennis dargestellt:

Vorbereitung
- Über das Phänomen Schulabsentismus vertiefend informieren und ggf. Fragen im Kollegium klären
- Räumlichkeiten für ein ungestörtes Gespräch suchen

- Gesprächsleitfaden zurechtlegen (Was ist Schulabsentismus, welche Ursachen sind dafür verantwortlich, welche Entschuldigungsregeln gelten an unserer Schule, welche Folgen hat das Verhalten für Dennis' schulische Zukunft und sein späteres Leben, wie reagiert unsere Schule und welche Unterstützungssysteme hat Dennis?)
- Dennis zum Gespräch einladen und ihm evtl. seine Befürchtungen/Ängste nehmen

Das Gespräch

- Begrüßung und das Vorhaben für Dennis verständlich schildern (»Heute geht es um dich und deine schulische Zukunft. Ich möchte dich unterstützen und dir helfen zu verstehen, was in den letzten Monaten passiert ist und wie wir weiter damit umgehen.«)

- *Was ist Schulabsentismus und welche Ursachen gehen damit einher?*
  → Denis wird zunächst erklärt, was genau seine Abwesenheit bedeutet.
  → Sein Lehrer informiert Dennis darüber, dass sein Verhalten mit vielen Bereichen zusammenhängt. Die Schule nimmt hierbei eine große Rolle ein, aber auch die Familie, seine Freunde und Dennis selbst sind davon betroffen. Zur Veranschaulichung zeichnet Dennis' Lehrer die Bereiche auf und erklärt ihm, was genau zu seiner Abwesenheit führt.

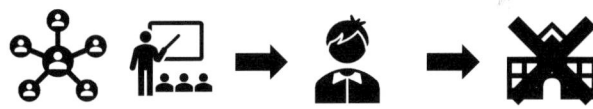

- Dennis' Lehrer räumt ihm danach Zeit ein, sein subjektives Erleben zu schildern, und notiert sich wichtige Punkte.
- *Welche Entschuldigungsregeln gelten an unserer Schule?*
  Der Lehrer schildert Dennis im weiteren Verlauf des Gesprächs, welche Regelungen es an der Schule bzgl. der Entschuldigungen gibt, und legt ihm ein Beispielformular vor. Er verdeutlicht ihm, dass in Deutschland die allgemeine Schulpflicht herrscht und sein Verhalten gegen das Gesetz verstößt.
- *Welche Folgen hat das Verhalten für den schulischen Erfolg und sein späteres Leben?*
  Um Dennis zu verdeutlichen, welche Konsequenzen das Schulschwänzen auf seinen schulischen Erfolg und sein späteres Leben

hat, führt der Lehrer die nachstehenden Folgen auf:
»Dennis, deine Fehltage nehmen zu und deine schulischen Leistungen bauen ab. Die Folgen davon sind:
- deine Leistungen bauen weiter ab, sodass du die Klasse wiederholen musst,
- wenn du öfter fehlst, verpasst du wichtigen Stoff und erreichst deinen Abschluss nicht,
- außerdem ist die Schule ab einer gewissen Anzahl an Fehltagen dazu befugt, rechtliche Schritte einzuleiten (Bußgeld),
- dir fällt es später schwer, auf eigenen Beinen zu stehen, und du könntest weiter abrutschen – das alles wollen wir mit allen Mitteln verhindern!«

◆ **Wie reagiert unsere Schule?**
- Der Lehrer schildert die bisherigen Schritte und zeigt die weiteren Möglichkeiten bei Zunahme der Fehlzeiten auf:
- »Bisher haben wir Kontakt zu deinen Eltern/Sorgeberechtigten aufgenommen und Infogespräche mit dir geführt. Fehlst du weiterhin unentschuldigt, wird es eine Konferenz mit dem Schulleiter geben. Wir setzen natürlich alles daran, dass diese Maßnahmen greifen, und möchten ungern rechtliche Schritte einleiten.«

Am Ende **Unterstützungssysteme** aufzeigen und Dennis fragen, was ihm dabei helfen könnte, wieder regelmäßig die Schule zu besuchen.

Dennis fragen, was er hilfreich und gut fand und worin er noch mehr Beratung benötigt (hier bietet sich eine **Feedbackmethode** wie die Zielscheibe und entsprechende Fragen an). Zum Abschluss erfolgt eine **Verabschiedung.**

FREUNDE von Barrett et al. (2003)

FREUNDE ist ein Trainingsprogramm zur Primär- und Sekundärprävention von Angst und Depression. Den teilnehmenden Kindern und Jugendlichen wird dadurch ermöglicht, soziale Kompetenzen und Problemlösestrategien für diese schwierigen emotionalen Situationen zu erwerben. Auch die Eltern sind involviert, um ihre Kinder konstruktiv unterstützen zu können. Die Autorinnen bieten eine Kinderversion (7–11 Jahre) und eine Jugendversion (12–16 Jahre), die jeweils aus zehn Kindersitzungen und vier Elternsitzungen aufgebaut sind. Das Programm verfügt über eine klare Theoriebasis und ist relativ umfangreich mit guten Ergebnissen evaluiert. Es ist zielgerichtet strukturiert, methodisch ausgefeilt und in der Schule umsetzbar. Die Gruppe sollte aus nicht mehr als zwölf Teilnehmenden bestehen. Bei größeren Gruppen sind zwei Gruppenleitungen erforderlich. Die Sitzungen dauern 45–60 Minuten und sollten mindestens einmal wöchentlich durchgeführt werden, sodass sich die Trainingszeit auf etwa drei Monate summiert. Zwei Auffrischungssitzungen unterstützen die Nachhaltigkeit.

Weiterführende Literatur

In dem Buch ›Super Klima im Klassenzimmer‹ von Blauert (2014) geht es darum, das Klassenklima zu stärken und Teamarbeit zu fördern. Der Autor greift auf, dass die Herstellung eines WIR-Gefühls ein langwieriger Prozess ist, der durch verschiedene Faktoren beeinflusst werden kann. Als zentrale Aspekte hinsichtlich des Wir-Gefühls nennt er das Zugehörigkeitsgefühl sowie die Identifikation mit der Gruppe. Wie bereits zuvor genannt, spielen genau diese Aspekte eine bedeutsame Rolle in der Absentismusproblematik. Das Buch bietet eine gelungene Grundlage für eine Einführung in die Thematik des Klassenklimas und stellt konkrete Praxisbeispiele und Materialien für die Umsetzung dar.

Weitere empfehlenswerte Literatur

Brodersen, G. & Castello, A. (2022). Schulangst. Pädagogische Förderung im Alltag. Stuttgart: Kohlhammer.
Dunkake, I. (2010). Der Einfluss der Familie auf das Schulschwänzen. Theoretische und empirische Analysen unter Anwendung der Theorien abweichenden Verhaltens. Wiesbaden: Verlag Sozialwissenschaften.
Kearney, C. A. (2016). Managing School Absenteeism at Multiple Tiers: An Evidence-Based and Practical Guide for Professionals. London: Oxford University Press.
Oehme, A. (2007). Schulverweigerung: Subjektive Theorien von Jugendlichen zu den Bedingungen ihres Schulabsentismus. Hamburg: Kovac.

Ricking, H. (2014). Schulabsentismus. Berlin: Cornelsen Scriptor.
Ricking, H. & Albers, V. (2019). Schulabsentismus. Prävention und Intervention. Auer.
Ricking, H. & Dunkake, I. (2017). Wenn Schüler die Schule schwänzen oder meiden: Förderziele Anwesenheit und Lernen-wollen. Hohengehren: Schneider.
Ricking, H. & Hagen, T. (2016). Schulabsentismus und Schulabbruch. Stuttgart: Kohlhammer.
Ricking, H. & Speck, K. (2018). Schulabsentismus und Eltern. Wiesbaden: Springer.
Ricking, H. & Team (2020). Jeder Schultag zählt. Praxishandbuch für die Schule zur Prävention und Intervention bei Absentismus. Hamburg: Joachim-Herz-Stiftung.
Sälzer, C. (2010). Schule und Absentismus. Wiesbaden: VS.
Seeliger, S. (2016). Schulabsentismus und Schuldropout. Fallanalysen zur Erfassung eines Phänomens. Wiesbaden: Springer.
Stamm, M., Ruckdäschel, C., Templer, F. & Niederhauser, M. (2009). Schulabsentismus. Ein Phänomen, seine Bedingungen und Folgen. Wiesbaden: VS.
Wagner, M. (2007) (Hrsg.). Schulabsentismus. Soziologische Analysen zum Einfluss von Familie, Schule und Freundeskreis. Weinheim: Juventa.

Quellenverzeichnis

Achilles, H. (2007). Schulpflichtverweigerung aus religiösen und weltanschaulichen Gründen. Recht der Jugend und des Bildungswesens, 55, 3, 322–329.
Adornetto, C. & Schneider, S. (2009). Diagnostik bei Angststörungen. In D. Irblich & G. Renner (Hrsg.). Diagnostik in der klinischen Kinderpsychologie (S. 259–267). Göttingen: Hogrefe.
Albers, V. & Ricking, H. (2018). Elternbedingter Schulabsentismus – Begriffe, Strukturen, Dimensionen. In H. Ricking & K. Speck (Hrsg.). Schulabsentismus und Eltern (S. 9–26). Berlin: Springer.
Albers, V., Bolz, T. & Wittrock, M. (2018). Monitoring als Element eines Rahmenkonzepts für den Umgang mit (elternbedingtem) Schulabsentismus. Eine Prämisse für effektives pädagogisches Handeln. In H. Ricking & K. Speck (Hrsg.). Schulabsentismus und Eltern (S. 267–287). Wiesbaden: Springer.
Alexander, K. L., Entwisle, D. R. & Kabbani, N.S. (2001). The dropout process in life course perspective: Early risk factors at home and school. Teachers College Record, 103, 5, 760–822.
Armfield, J, Gnanamanickam, E., Nguyen, H, Doidge, J., Brown, D, Preen, D. & Segal, L. (2020). School Absenteeism Associated With Child Protection System Involvement, Maltreatment Type, and Time in Out-of-Home Care. Child Maltreatment, 25(4), 433–445.
Baier, D. (2012). Die Schulumwelt als Einflussfaktor des Schulschwänzens. In H. Ricking & G. Schulze (Hrsg.). Schulabbruch – ohne Ticket in die Zukunft? (S. 37–62). Bad Heilbrunn: Klinkhardt.
Baier, D. (2018). Familienbezogene Einflussfaktoren des Schulschwänzens. In H. Ricking & K. Speck (Hrsg.). Schulabsentismus und Eltern (S. 97–112). Wiesbaden: Springer VS.
Bandura, A. (1997). Self-efficacy: The Exercise of Control. New York.
Barnow, S., Reinelt, E. & Sauer, C. (2016). Emotionsregulation: Manual und Materialien für Trainer und Therapeuten. Wiesbaden: Springer.
Barrett, P., Webster, H. & Turner, C. (2003). Freunde, für Kinder. Trainingsprogramm zur Prävention von Angst und Depressionen. München/Basel: Ernst Reinhardt.
Batmaz, Ö. (2008). Schularchitektur und Lernumgebung: Der Einfluss auf das Lernen. Saarbrücken: VDM Verlag.

Battin-Pearson, S., Newcomb, M. D., Abbot, R. D., Hill, K. G., Catalano, R. F. & Hawkins, D. J. (2000). Predictors of early high school noncompletion: A test of five theories. Journal of Educational Psychological, 92, 568–582.

Bauer, A. (2012). Grundwissen Pädagogische Beratung. Stuttgart: UTB.

Baumann, M. (2009). Kinder, die Systeme sprengen. Hohengehren: Schneider.

Beelmann, A. (2006). Wirksamkeit von Präventionsmaßnahmen bei Kindern und Jugendlichen: Ergebnisse und Implikationen der integrativen Erfolgsforschung. Zeitschrift für Klinische Psychologie und Psychotherapie, 35, 2, 151–162.

Beelmann, A. & Raabe, T. (2007). Dissoziales Verhalten bei Kindern und Jugendlichen. Göttingen: Hogrefe.

Beekhoven, S. & Dekkers, H. (2005). The Influence of Participation, Identification, and Parental Resources on the Early School Leaving of Boys in the Lower Educational Track. European Educational Research Journal, 4, 3, 195–207.

Beetz, A. (2013). Bindung und Emotionsregulationsstrategien bei Jugendlichen mit und ohne emotionale Störungen und Verhaltensauffälligkeiten. Empirische Sonderpädagogik, 5, 2, 144–159.

Bernhausen, J. (2010). Angst in der Schule als pädagogische Herausforderung. In R. Göppel, A. Hirblinger, H. Hirblinger & A. Würker (Hrsg.). Schule als Bildungsort und »emotionaler Raum«. Der Beitrag der Psychoanalytischen Pädagogik zu Unterrichtsgestaltung und Schulkultur (S. 53–60). Opladen: Barbara Buderich.

Bilz, L. (2017). Ängste bei Schülerinnen und Schülern. Prävention und Intervention im schulischen Kontext. In M. K. W. Schweer (Hrsg.). Lehrer-Schüler-Interaktion (S. 365–386). Wiesbaden: Springer.

Bolz, T., Wittrock, M. & Koglin, U. (2019). Schüler-Lehrer-Beziehung aus bindungstheoretischer Perspektive im Förderschwerpunkt der emotionalen und sozialen Entwicklung. Zeitschrift für Heilpädagogik, 11, 560–571.

Brandstätter, V., Schüler, J., Puca, R. & Lozo, L. (2013). Motivation und Emotion. Heidelberg: Springer.

Brodersen, G. & Castello, A. (2022). Schulangst. Pädagogische Förderung im Alltag. Stuttgart: Kohlhammer.

Bundschuh, K. (2003). Emotionalität, Lernen und Verhalten. Bad Heilbrunn: Klinkhardt.

Burkhardt, S., Uehli Stauffer, B. & Amft, S. (2022). Schüchterne und sozial ängstliche Kinder in der Schule. Erkennen, verstehen, begleiten. Stuttgart: Kohlhammer.

Castello, A. & Brodersen, G. (2021). Unterricht und Förderung bei Depressionen. Psychologisches Wissen für Lehrkräfte. Göttingen: Hogrefe.

Chitiyo, M. & Wheeler, J. J. (2006). School Phobia: understanding a complex behavioral response. Journal of Research in Special Education, 6, 2, 87–91.

Corville-Smith, J., Ryan, B. A., Adams, G. R. & Dalicandro, T. (1998). Distinguishing Absentee Students from Regular Attenders: The Combined Influence of Personal, Family, and School Factors. Journal of Youth and Adolescence, 27, 629–640.

Deutscher Bildungsrat (Hrsg.) (1970). Strukturplan für das Bildungswesen. Donauwörth: Auer.

Diegel, K. (2015). Angstbedingte Schulverweigerung. Verhaltenstherapeutisch orientiertes Vorgehen bei schulphobischem Verhalten an einer psychologischen Beratungsstelle. Praxis der Kinderpsychologie und Kinderpsychiatrie, 64, 1, 20–32.

Diouani-Streek, M. (2014). Pädagogischer Handlungsytyp Beratung. In M. Diouani-Streek & S. Ellinger (Hrsg.). Beratungskonzepte in sonderpädagogischen Handlungsfeldern (3. Auflage, S. 11–34). Oberhausen: Athena.

Döpfner, M. & Kinnen, C. (2009). Hyperkinetische Störung. In H. Domsch & A. Lohaus (Hrsg.). Psychologische Förder- und Interventionsprogramme für das Kindes- und Jugendalter (Band 4, S. 18–34). Berlin, Heidelberg: Springer VS.

Dorsch, W. & Zierer, K. (2021). Über Schulangst und verwandte Probleme. In Pädiatrie: Kinder und Jugendmedizin hautnah, 33, 1, 46.

Dunkake, I. (2007). Schulverweigerung: Eine Folge mangelnder familialer Kontrolle? In M. Wagner (Hrsg.). Schulabsentismus. Soziologische Analysen zum Einfluss von Familie, Schule und Freundeskreis (S. 105–138). Weinheim, München: Juventa.

Dunkake, I. (2010). Der Einfluss der Familie auf das Schulschwänzen. Wiesbaden: VS Verlag.

Dusolt, H. (2018). Elternarbeit als Erziehungspartnerschaft. Ein Leitfaden für den Vor- und Grundschulbereich (4. Auflage). Weinheim: Beltz.

Egger, H., Costello, E. & Angold, A. (2003). School Refusal and Psychiatric Disorder: A Community Study. Journal of American Academy of Child and Adolescence Psychiatry, 42, 7, 797–807.

Epstein, S., Roberts, E., Sedgwick, R., Polling, C., Finning, K., Ford, T., Dutta, R. & Downs, J. (2020). School absenteeism as a risk factor for self-harm and suicidal ideation in children and adolescents: a systematic review and meta-analysis. European Child & Adolescent Psychiatry 29, 1175–1194. https://doi.org/10.1007/s00787-019-01327-3

Ernst, S. & Höynck, T. (2018). Ordnungsrechtliche Durchsetzung der Schulpflicht durch Jugendarrest. Zeitschrift für Jugendkriminalrecht und Jugendhilfe, 4, 312–320.

Essau, C. A. (2014). Angst bei Kindern und Jugendlichen. München: Reinhardt.
Essau, C. A. & Petermann, U. (2002). Depression. In F. Petermann (Hrsg.). Lehrbuch der klinischen Kinderpsychologie und -psychotherapie (S. 291–322). Göttingen: Hogrefe.
Fatke, R. (2013). Fallstudien in der Erziehungswissenschaft. In B. Friebertshäuser, A. Langer & A. Prengel (Hrsg.). Handbuch Qualitative Forschungsmethoden in der Erziehungswissenschaft (S. 159–172). Weinheim: Beltz.
Felner, R. D., Brand, S., Adan, A. M., Mulhall, P. F., Flowers, N., Sartain, B. & DuBois, D. L. (1993). Restructuring the Ecology of the School as an Approach to Prevention During School Transitions: Longitudinal Follow-Ups and Extensions of the School Transitional Environment Project (STEP). Prevention in Human Services, 10, 103–136.
Fend, H. (1997). Der Umgang mit Schule in der Adoleszenz. Aufbau und Verlust von Lernmotivation, Selbstachtung und Empathie. Bern, Seattle: Huber.
Fischer, N. (2006). Motivationsförderung in der Schule. Hamburg: Verlag Dr. Kovač.
Fischer, A.-C., Dunkake, I. & Ricking, H. (2022). Schulangst, Absentismus und Selbstwirksamkeit – Ergebnisse einer quantitativen Untersuchung an Schulen zu Risikofaktoren bei Schulangst. Zeitschrift für Kinder- und Jugendpsychiatrie und Psychotherapie, 1–10.
Flouri, E. & Buchanan, A. (2004). Early father's and mother's involvement and child's later educational outcomes. British Journal of Educational Psychology, 74, 141–15.
Fornander, M. & Kearney, C. (2019). Family Environment Variables as Predictors of School Absenteeism Severity at Multiple Levels: Ensemble and Classification and Regression Tree Analysis. Frontiers in Psychology, 10. https://doi.org/10.3389/fpsyg.2019.02381
Fröhlich-Gildhoff, K. (2010). Externalisierende Störungen. In B. Ahrbeck & M. Willmann (Hrsg.). Pädagogik bei Verhaltensstörungen. Ein Handbuch (S. 129–137). Stuttgart: Kohlhammer.
Garland, D. (2006). Concepts of culture in the sociology of punishment. Theoretical Criminology, 10, 7, 419–447.
Garland, D. (2008). Kultur der Kontrolle. Frankfurt/Main: Campus.
Gawrilow, C. (2012). Lehrbuch ADHS. München: Reinhardt.
Globirsch, M. & Kunert, D. (2013). Schulabsentismus und psychosomatische Störungen. Kinderärztliche Praxis, 84, 160–164.
Goldan, J., Kullmann, H., Zentarra, D., Geist, S. & Lütje-Klose, B. (2021). Schulisches Wohlbefinden von Schülerinnen und Schülern mit und ohne sonderpädago-

gischen Unterstützungsbedarf während der COVID-19-Pandemie. Zeitschrift für Heilpädagogik, 12, 640–651.

Götz, T., Frenzel, A. & Pekrun, R. (2007). Regulation von Langeweile im Unterricht. Was Schülerinnen und Schüler bei der »Windstille der Seele« (nicht) tun. Unterrichtswissenschaft, 35, 4, 312–333.

Green, D. A. (2009). Feeding Wolves. Punitiveness and Culture. European Journal of Criminology, 6, 6, 517–536.

Groen, G. & Petermann, F. (2013). Depressive Störungen. In F. Petermann (Hrsg.). Lehrbuch der Klinischen Kinderpsychologie (439–458). Göttingen: Hogrefe.

Gubbels, J., van der Put, C. & Assink, M. (2019). Risk Factors for School Absenteeism and Dropout: A Meta-Analytic Review. Journal of Youth and Adolescence, 48, 1637–1667. https://doi.org/10.1007/s10964-019-01072-5

Gust, B. (2017). Schulverweigerung und Kindeswohlgefährdung. In E. Weckel & M. Grams (Hrsg.). Schulverweigerung: Bildung, Arbeitskraft, Eigentum. Eine Einführung (S. 109–121). Weinheim: Beltz Juventa.

Hagen, T. & Ricking, H. (2023) Schulabsentismus (als Ursache von Lernschwierigkeiten). In Börnert-Ringleb/Casale/Balt/Herzog (Hrsg.). Lern- und Verhaltensschwierigkeiten in der Schule (S. 144–154). Stuttgart: Kohlhammer.

Hallam, S. & Rogers, L. (2008). Improving Behaviour and Attendance at School. Berkshire: Open University Press.

Hallinan, M. T. (2008). Teacher Influences on Students' Attachment to School. Sociology of Education, 81, 271–283.

Hammond, C., Linton, D., Smink, J. & Drew, S. (2007). Dropout Risk Factors and Exemplary Programs. Clemson, SC: National Dropout Prevention Center.

Hautzinger, M. (2017). Ratgeber Depression. Göttingen: Hogrefe.

Hechler, O. (2010). Pädagogische Beratung. Theorie und Praxis eines Erziehungsmittels (Fördern lernen Beratung Band 10). Stuttgart: Kohlhammer.

Heinz, W. (2012). Jugendstrafrecht: Aktuelle Sanktionierungspraxis und Punitivität. https://www.uni-konstanz.de/rtf/kis/Heinz_2012_JGG_aktuelle_Sanktionspraxis.pdf, Zugriff am 26.01.2021

Henry, K. (2007). Who's skipping School: Characteristics of Truants in 8th and 10th Grade. Journal of School Health, 77, 1, 29–35.

Henry, K. & Huizinga, D. (2007). School-related risk and protective factors associated with truancy among urban youth placed at risk. Journal of Primary Prevent, 28, 505–519.

Hertel, S. & Schmitz, B. (2010). Lehrer als Berater in Schule und Unterricht. Stuttgart: Kohlhammer.

Quellenverzeichnis

Herz, B. (2010). Neoliberaler Zeitgeist in der Pädagogik: Zur aktuellen Disziplinarkultur. In M. Dörr & B. Herz (Hrsg.). »Unkulturen« in Bildung und Erziehung (S. 171–190). Wiesbaden: VS Verlag.

Hickman, G. P., Bartholomew, M., Mathwig, J. & Heinrich, R. S. (2008). Differential Developmental Pathways of High School Dropouts and Graduates. The Journal of Educational Research, 102, 1, 3–14.

Hillenbrand, C. & Ricking, H. (2011). Schulabbruch: Ursachen – Entwicklung – Prävention. Ergebnisse US-amerikanischer und deutscher Forschungen. Zeitschrift für Pädagogik, 57, 2, 153–172.

Hinz, A. (2008). Organisationsformen der Beratung. In A. Rausch, A. Hinz & R. Wagner (Hrsg.). Modul Beratungspsychologie (S. 205–249). Bad Heilbrunn: Klinkhardt.

Hoffmann, C. (2009). Disziplinschwierigkeiten in der Schule. Eine qualitative Einzelfallstudie mit einem gruppen- und bindungs-theoretischen Schwerpunkt. Wiesbaden: VS.

Holler-Nowitzki, B. & Meier, U. (1997). Langeweile – (k)ein Thema für die Unterrichtsforschung? Ergebnisse einer Schülerbefragung. Pädagogik, 49, 9, 31–34.

Holodynski, M. (2006). Emotionen – Entwicklung und Regulation. Heidelberg: Springer.

Ihle, W. & Esser, G. (2008). Epidemiologie psychischer Störungen des Kindes- und Jugendalter. In Gasteiger-Klicpera, B., Julius, H. & Klicpera, C. (Hrsg.). Sonderpädagogik der sozialen und emotionalen Entwicklung (S. 49–64). Göttingen: Hogrefe.

Juvonen, J. (2006). Sense of Belonging, Social Bonds and School Functioning. In P. A. Alexander & P. H. Winne (Eds.), Handbook of Educational Psychology. Mahwah: Lawrence.

Kaiser, S., Schulze, G. C. & Leu, A. (2018). Gesamtfamiliale Unterstützung bei schulabsentem Verhalten pflegender Kinder und Jugendlicher. In H. Ricking u. K. Speck (Hrsg.). Schulabsentismus und Eltern. Eine Herausforderung für die schulische und gesellschaftliche Partizipation von Kindern und Jugendlichen. Wiesbaden: Springer VS.

Kavale, K.A. & Forness, S.R. (1996). Social Skill Deficits and Learning Disabilities: A Meta-Analysis. Journal of Learning Disabilities, 29, 226–237.

Kearney, C. A. (2016). Managing school absenteeism at multiple tiers. An evidence-based and practical guide for professionals. New York: Oxford University Press.

Kleber, E. W. (2006). Beratung. In G. Antor & U. Bleidick (Hrsg.). Handlexikon der Behindertenpädagogik. Schlüsselbegriffe aus Theorie und Praxis (S. 15-16). Stuttgart: Kohlhammer.

KMK (Hrsg.) (2014). Ländergemeinsame inhaltliche Anforderungen für die Fachwissenschaften und Fachdidaktiken in der Lehrerbildung (Beschluss der Kultusministerkonferenz vom 16.10.2008 i.d.F. vom 11.12.2014). http://www.kmk.org/fileadmin/veroeffentlichungen_beschluesse/2008/2008_1 0_16-Fachprofile-Lehrerbildungb.pdf, Zugriff am 01.11.2019

Kraimer, K. (2014). Fallrekonstruktive soziale Arbeit. Ibbenbüren: Münstermann.

Krause, C. (2003). Pädagogische Beratung: Was ist, was soll, was kann Beratung? In: C. Krause, B. Fittkau, R. Fuhr & H.-U. Thiel (Hrsg.). Pädagogische Beratung (S. 15-31) Hannover: Schöningh.

Kullik, A. & Petermann, F. (2012). Emotionsregulation im Kindesalter. Göttingen: Hogrefe.

Lamnek, S. & Krell, C. (2016). Qualitative Sozialforschung. Weinheim: Beltz.

Lauth, G. & Schlottke, P. (2009). Training mit aufmerksamkeitsgestörten Kindern (6. Auflage). Weinheim: Beltz.

Lautmann, R.& Klimke, D. (2004). Punitivität als Schlüsselbegriff für eine Kritische Kriminologie. In Lautmann, R., Klimke, D. & Sack, F. (Hrsg.). Punitivität. (S. 9-29). Weinheim: Juventa.

Lee, V. E. & Burkam, D. T. (2003). Dropping out of High School: the role of school organization and structure. American Educational Research Journal, 40, 2, 353-393.

Lenz, A. & Kuhn, J. (2011). Was stärkt Kinder psychisch kranker Eltern und fördert ihre Entwicklung?. In S. Wiegand-Grefe; F. Mattejat & A. Lenz (Hrsg.). Kinder mit psychisch kranken Eltern. Klinik und Forschung (S. 269-298). Göttingen: Vandenhoeck & Ruprecht.

Lewin, K. (1963). Feldtheorie in den Sozialwissenschaften. Bern: Huber.

Lück, H. E. (2001). Kurt Lewin. Eine Einführung in sein Werk, Weinheim, Basel: Beltz.

McAra, L. (2004). Truancy, School Exclusion and Substance Misuse: The Edinburgh Study of Youth Transitions and Crime. Center for Law and Society, Edinburgh.

Mackowiak, K. (2007). Diagnostik bei Angststörungen. In Linderkamp, F. & Grünke, M. (Hrsg.). Lern- und Verhaltensstörungen: Genese – Diagnostik – Intervention. Weinheim: Beltz.

Malcom, H., Wilson, V. & Davidson, J. (2003). Absence from School. A Study of Its Causes and Effects in Seven LEAs. Report 424. London: DfES.

Melfsen, S., Beyer & Walitza, S. (2015). Angstbedingte Schulvermeidung. Psych up2date, 9, 357–368.
Melfsen, S. & Walitza, S. (2013). Soziale Angst und Schulangst. Weinheim: Beltz.
Meyer, H. (2003). Zehn Merkmale guten Unterrichts. Empirische Befunde und didaktische Ratschläge. Pädagogik, 55, 36–43.
Miranda, A., Presentación, M. J., Siegenthaler, R., Colomer, C. & Pinto, V. (2011). Comorbidity between Attention Deficit Hyperactivity Disorder and reading disabilities: Implications for assessment and treatment. Advances in Learning & Behavioral Disabilities, 24, 171–211.
Montmarquette, C., Viennot-Briot, N. & Dagenais, M. (2007). Dropout, School Performance, and working while in school. The Review of Economics and Statistics, 89, 4, 752–760.
Mutzeck, W. (2008). Kooperative Beratung: Grundlagen, Methoden, Training, Effektivität. Weinheim: Beltz.
Myschker, N. & Stein, R. (2018). Verhaltensstörungen bei Kindern und Jugendlichen. Stuttgart: Kohlhammer.
Nelson, J. M. & Harwood, H. R. (2011). Learning disabilities and anxiety: A meta-analysis. Journal of Learning Disabilities, 44, 3–17.
Neukäter, H. & Ricking, H. (1999). Sozial-kognitive Verhaltensanalyse bei Schulabsentismus. In D. Schmetz & P. Wachtel (Hrsg.). Entwicklungen – Standorte – Perspektiven (S. 415–423). Würzburg: vds.
Nissen, G. (1972). Schulverweigerung und Lernprotest im Kindesalter. Zeitschrift für Psychotherapie und medizinische Psychologie, 22, 183–188.
Oberwittler, D., Blank, T., Köllisch, T. & Naplava, T. (2001). Soziale Lebenslagen und Delinquenz von Jugendlichen. Ergebnisse der MPI-Schülerbefragung 1999 in Freiburg und Köln. Arbeitsberichte 1/2001 aus dem Max-Planck-Institut für ausländisches und internationales Strafrecht. Freiburg im Breisgau: edition iuscrim.
Oehme, A. (2007). Schulverweigerung. Subjektive Theorien von Jugendlichen zu den Bedingungen ihres Schulabsentismus. Hamburg: Verlag Dr. Kovač.
Olweus, D. (2002). Gewalt in der Schule. Bern: Huber.
Oreopoulos, P. (2007). Do dropouts drop out too soon? Wealth, health and happiness from compulsory schooling. Journal of Public Economics, 91, 2213–2229.
Pekrun, R. (2006). The Control-Value Theory of Achievement Emotions: Assumptions, Corollaries, and Implications for Educational Research and Practice. Educational Psychology Review, 18, 4, 315–341.
Peponis, M. (2020). 10 + 10 goldene Regeln im Umgang mit Kinderangst. Schul-Verwaltung spezial, 3, 134–137.

Peponis, M., Brünjes, M. & Böhm, T. (2016). Umgang mit gehäuften Krankschreibungen im Zusammenhang mit hartnäckig andauernden Schulpflichtverletzungen. Hamburg macht Schule, 1, 28–30.

Petermann, F. (2013) (Hrsg.). Lehrbuch der klinischen Kinderpsychologie. Göttingen: Hogrefe.

Petermann, F. & Bahmer, J. (2009). Psychoedukation. In S. Schneider & J. Margraf (Hrsg.). Lehrbuch der Verhaltenstherapie. Band 3 Störungen im Kindes- und Jugendalter (S. 193–207). Berlin: Springer VS.

Prengel, A. (2013). Pädagogische Beziehungen zwischen Anerkennung, Verletzung und Ambivalenz. Opladen: Budrich.

Rahm, S., Rabenstein, K. & Nerowski, C. (2015). Basiswissen Ganztagsschule: Konzepte, Erwartungen, Perspektiven. Weinheim: Beltz.

Rat für Kriminalitätsverhütung in Schleswig-Holstein (2007). Konzept gegen Schulabsentismus. Kiel.

Rathmann, K. & Hurrelmann, K. (2018) (Hrsg.). Leistung und Wohlbefinden in der Schule: Herausforderung Inklusion. Weinheim: Beltz.

Rathmann, K., Herke, M., Hurrelmann, K. & Richter, M. (2018). Klassenklima, schulisches Wohlbefinden und Gesundheit von Schülerinnen und Schülern in Deutschland: Ergebnisse des Nationalen Bildungspanels (NEPS) [Elektronische Version]. Gesundheitswesen, 80, 4, 332–341.

Rehbein, F., Kleimann, M. & Mößle, T. (2009). Computerspielabhängigkeit im Kindes- und Jugendalter. KFN-Forschungsbericht Nr. 108. Hannover: Kriminologisches Forschungsinstitut Niedersachsen.

Reid, K. (2002). Truancy. Short and Long Term Solutions. London: Routledge-Falmer.

Reid, K. (2014). Managing School Attendance – Successful intervention strategies for reducing truancy. London: Routledge.

Reißig, B. (2002). Schulverweigerung – ein Phänomen macht Karriere. Ergebnisse einer bundesweiten Erhebung bei Schulverweigerern. Werkstattbericht. München/Leipzig: Deutsches Jugendinstitut.

Reissner, V. & Knollmann, M. (2020). Schulvermeidendes Verhalten: Klassifikation und Entstehung. Unsere Jugend, 72, 4, 178–187.

Rheinberg, F. (2008). Motivation. Stuttgart: Kohlhammer.

Ricking, H. (2014). Schulabsentismus. Berlin: Cornelsen.

Ricking, H. (2018). Schulversagen und Absentismus. Grundschule, 2, 19–21.

Ricking, H. (2022). Soziale Deprivation, schulische Fehlpassung, Dropout: Schule zwischen Punitivität und dem pädagogisch Notwendigen. Vierteljahresschrift für Heilpädagogik und ihre Nachbargebiete, 4, 289–299.

Ricking, H. & Albers, V. (2019). Schulabsentismus – Intervention und Prävention. Heidelberg: Auer.
Ricking, H. & Dunkake, I. (2017). Wenn Schüler die Schule schwänzen oder meiden: Förderziele Anwesenheit und Lernen-wollen. Hohengehren: Schneider.
Ricking, H. & Hagen, T. (2016). Schulabsentismus und Schulabbruch. Stuttgart: Kohlhammer.
Ricking, H. & Rothenburg, E. (2020). Schulabsentismus – Ein komplexes Phänomen aus rechtlicher und pädagogischer Perspektive. Recht der Jugend und des Bildungswesens, 1, 104–118.
Ricking, H. & Schulze, G. (Hrsg.) (2012). Schulabbruch – ohne Ticket in die Zukunft? Bad Heilbrunn: Klinkhardt.
Ricking, H., Schulze, G. & Wittrock, M. (2009). Schulabsentismus und Dropout: Strukturen eines Forschungsfeldes. In H. Ricking, M. Wittrock & G. Schulze (Hrsg.). Schulabsentismus und Dropout. Erscheinungsformen Erklärungsansätze Intervention (S. 13–48). Paderborn: Schöningh.
Ricking, H. & Speck, K. (2018) (Hrsg.). Schulabsentismus und Eltern. Berlin: Springer.
Ricking, H. & Speck, K. (2020). Definition von Schulangst – Einführung und wissenschaftliche Grundlagen. SchulVerwaltung spezial, 3, 100–103.
Ricking, H. & Team (2020). Jeder Schultag zählt. Praxishandbuch für die Schule zur Prävention und Intervention bei Absentismus. Hamburg: Joachim-Herz-Stiftung
Ricking, H. & Wittrock, M. (2017). Schulabsentismus, Motivation und schulisches Engagement. In A. Methner, K. Popp & B. Seebach (Hrsg.). Verhaltensprobleme in der Sekundarstufe: Unterricht – Förderung – Intervention (S. 188–211). Stuttgart: Kohlhammer.
Ricking. H. & Wittrock, M. (2021). Gegenstand und Entwicklungen. In H. Ricking, T. Bolz, B. Rieß & M. Wittrock (Hrsg.). Prävention und Intervention bei Verhaltensstörungen: Gestufte Hilfen in der schulischen Inklusion (S. 14–30). Stuttgart: Kohlhammer.
Rieß, B. (2021). Beratung. In H. Ricking, T. Bolz, B. Rieß & M. Wittrock (Hrsg.). Prävention und Intervention bei Verhaltensstörungen: Gestufte Hilfen in der schulischen Inklusion (S. 14–30). Stuttgart: Kohlhammer.
Rothman, S. (2001). School absence and student background factors: A multilevel analysis. International Educational Journal, 2, 59–68.
Sacher, W., Berger, F. & Guerrini, F. (2019). Schule und Eltern – Eine schwierige Partnerschaft. Stuttgart: Kohlhammer.

Sachse, R. & Langens, T. (2014). Emotionen und Affekte in der Psychotherapie. Göttingen: Hogrefe.

Sack, F. (2013). Social structure and crime policy: The German case. Punishment & Society, 15, 4, 367–381.

Sälzer, C. (2010). Schule und Absentismus. Wiesbaden: Springer VS Verlag.

Samjeske, K. (2007). Der Einfluss der Peers auf Schulverweigerung. In M. Wagner (Hrsg.). Schulabsentismus. Soziologische Analysen zum Einfluss von Familie, Schule und Freundeskreis (S. 177–200). Weinheim: Juventa.

Schertler, K. (2004). Schulangst – Ursachen, Folgen und Bewältigung. Erziehung und Unterricht, 4, 788–796.

Schnebel, S. (2017). Professionell beraten. Weinheim: Beltz.

Schneider, S. (2004). Angststörungen bei Kindern und Jugendlichen: Grundlagen und Behandlung. Berlin: Springer.

Schomaker, C. & Ricking, H. (2012). Sonderpädagogik in Modulen. Band 2. Hohengehren: Schneider.

Schreiber-Kittl, M. & Schröpfer, H. (2002). Abgeschrieben? Ergebnisse einer empirischen Untersuchung über Schulverweigerer. München: Verlag Deutsches Jugendinstitut.

Schulze, G. (2002). Die Feldtheorie von Kurt Lewin – Ein Ansatz zur Klärung von Verhaltensmustern im Bereich einer Pädagogik bei Verhaltensstörungen. Sonderpädagogik, 2, 107–119.

Schulze, G. C. (2009). Die Feldtheorie als Erklärungs- und Handlungsansatz bei unterrichtsmeidendem Verhalten. In H. Ricking, M. Wittrock & G. C. Schulze (Hrsg.). Schulabsentismus und Dropout: Erscheinungsformen – Erklärungsansätze – Intervention (S. 137–165). Paderborn: Schöningh.

Schulze, G. & M. Wittrock (2008). Schulaversives Verhalten. In B. Gasteiger-Klicpera, H. Julius & C. Klicpera (Hrsg.). Sonderpädagogik der sozialen und emotionalen Entwicklung (S. 219–233). Göttingen: Hogrefe.

Schuster, B. (2017). Pädagogische Psychologie. Wiesbaden: Springer.

Schwarzer, R. (2000). Stress, Angst und Handlungsregulation. Stuttgart: Kohlhammer.

Seeliger, S. (2016). Schulabsentismus und Schuldropout. Fallanalysen zur Erfassung eines Phänomens. Wiesbaden: Springer.

Seligman, M. (2016). Erlernte Hilflosigkeit. Weinheim: Belz.

Speck, K. & Olk, T. (2012). Schulabsentismus und Schulsozialarbeit. Diskurse, Empirische Befunde und Ansätze. Ricking, H., Schulze, G. (Hrsg.). Schulabbruch – ohne Ticket in die Zukunft? (S. 37–62). Bad Heilbrunn: Klinkhardt Verlag.

Stamm, M. (2007). Schulabsentismus: Eine unterschätzte pädagogische Herausforderung. Die Deutsche Schule, 99, 50–61.
Stamm, M., Ruckdäschel, C., Templer, F. & Niederhauser, M. (2009). Schulabsentismus. Ein Phänomen, seine Bedingungen und Folgen. Wiesbaden: VS.
Stearns, E., Moller, S., Blau, J. & Potochnick, S. (2007). Staying Back and Dropping Out: The Relationship Between Grade Retention and School Dropout. Sociology of Education, 80, 210–240.
Stein, R. (2012). Förderung bei Ängstlichkeit und Angststörungen. Stuttgart: Kohlhammer.
Stein, R. & Müller, T. (2018). Verhaltensstörungen und emotional-soziale Entwicklung: zum Gegenstand. In R. Stein & T. Müller (Hrsg.). Inklusion im Förderschwerpunkt emotionale und soziale Entwicklung (S. 22–47). Stuttgart: Kohlhammer.
Streit, P. (2016). Ich will nicht in die Schule!: Ängste verstehen und in Motivation verwandeln. Weinheim: Beltz.
Stützle-Hebel, M. & Antons, K. (2017). Einführung in die Praxis der Feldtheorie. Heidelberg: Auer.
Sutphen, R., Ford, J. & Flaherty, C. (2010). Truancy Interventions: A Review of the Research Literature. Research on Social Work Practice, 20, 2, 161–171.
Thambirajah, M.S., Grandison, K.J. & De-Hayes, L. (2013). Understanding School Refusal. A Handbook for Professionals in Education, Health and Social Care. London: Jessica Kingsley Publishers.
Visser, J. (2000). To play truant – School Environment and Absenteeism. In B. Warzecha (Hrsg.). Institutionelle und soziale Desintegrationsprozesse bei schulpflichtigen Heranwachsenden (S. 59–78). Hamburg: LIT.
Wagner, M., Dunkake, I. & Weiß, B. (2004). Schulverweigerung – Empirische Analysen zum abweichenden Verhalten von Schülern. Kölner Zeitschrift für Soziologie und Sozialpsychologie, 3, 457–489.
Walter, D. & Döpfner, M. (2021). Ratgeber Schulvermeidung: Informationen für Betroffene, Eltern, Lehrkräfte und weitere Bezugspersonen. Göttingen: Hogrefe.
Weber, P., Welling, V. & Steins, G. (2012). Schulverweigerung und psychische Störungen. Pädagogik, 9, 24–27.
Weber, H. M. & Petermann, F. (2016). Der Zusammenhang zwischen Schulangst, Schulunlust, Anstrengungsvermeidung und den Schulnoten in den Fächern Mathematik und Deutsch. Zeitschrift für Pädagogik, 62, 4, 551–570.
Weihrauch, T., Ricking, H. & Wittrock, M. (2021). Eine (sonder-)pädagogische Perspektive auf das Kindeswohl unter besonderer Berücksichtigung des

Phänomens »Zurückhalten«. In E.-M. Rothenburg (Hrsg.). Forum Kindeswohl (S. 141–165). Weinheim: Beltz.

Weiß, B. (2007). Wer schwänzt wie häufig die Schule? Eine vergleichende Sekundäranalyse auf Grundlage von 12 deutschen Studien. In M. Wagner (Hrsg.). Schulabsentismus. Soziologische Analysen zum Einfluss von Familie, Schule und Freundeskreis (S. 37–55). Weinheim: Juventa.

Weinberger, S. & Lindner, H. (2011). Personzentrierte Beratung. Stuttgart: Kohlhammer.

Weiner, B. (1994). Motivationspsychologie. Weinheim: PVU.

Willcutt, E. G., Petrill, S. A., Wu, S., Boada, R., Defries, J. C., Olson, R.K. et al. (2013). Comorbidity between reading disability and math disability: concurrent psychopathology, functional impairment, and neuropsychological functioning. Journal of Learning Disabilities, 46, 500–516. doi: 10.1177/0022219413477476

Witte, J., Zeitler, A., Batram, M., Diekmannshemke, J. & Hasemann, L. (2022). Kinder- und Jugendreport 2022 Kinder- und Jugendgesundheit in Zeiten der Pandemie. Bielefeld: Vandage.